SPRACHFÜHRER
FRANZÖSISCH
für die Reise

Mike Hillenbrand, Michael Péan

Sonderausgabe

© Genehmigte Sonderausgabe

Alle Rechte vorbehalten. Nachdruck
auch auszugsweise, nur mit ausdrücklicher
Genehmigung des Verlages gestattet.

Typografischer Entwurf: Carsten Abelbeck
Umschlaggestaltung: Inga Koch

ISBN-13: 978-3-8174-5094-7
ISBN-10: 3-8174-5094-X
5150941

Vorwort

Der Sprachführer für die Reise bietet eine praktische Hilfe für alle wichtigen Situationen auf Reisen. Die Kapitel sind nutzerfreundlich strukturiert und in übersichtlich aufgebaute Sprechsituationen gegliedert.

Einen komprimierten Einstieg bilden die 100 wichtigsten Wörter und Redewendungen. Danach folgen die themenspezifischen Rubriken, wie Sprechen & Verstehen, Reise & Verkehr, Essen & Trinken, Shopping & Service, Bank & Post, Unterhaltung & Freizeit, Gesundheit & Notfälle sowie Daten & Fakten.

Jedes Kapitel wird mithilfe von typischen situationsbedingten Redewendungen 💬 und Vokabeln 💡 umfassend aufbereitet. Alle Inhalte sind mit internationaler Lautschrift versehen.

Das zweisprachige Wörterbuch mit Registerhinweisen ermöglicht zusätzlich das schnelle Finden und Nachschlagen des Vokabulars.

Die zahlreichen Infokästen geben landeskundliche Tipps und vermitteln sprachliches Hintergrundwissen.

Inhaltsverzeichnis

Vorwort	**3**
Auf einen Blick: Die 100 wichtigsten Wörter, Fragen und Redewendungen	**5**
Sprechen & Verstehen	**9**
Begrüßung und Verabschiedung	10
Postkarte	13
Verständigung	15
Floskeln	19
Fettnäpfchen	23
Small Talk	24
Telefonieren	31
Reise & Verkehr	**33**
Wegbeschreibung	34
Auto	39
Autoteile	45
Bahn	47
Flugzeug	51
Nahverkehr	56
Übernachten & Wohnen	**59**
Hotel	60
Info für den Gast	67
Campingplatz	68
Jugendherberge	73
Ferienhaus/-wohnung	77
Essen & Trinken	**83**
Reservieren	84
Bestellen	86
Speisekarte	91
Bezahlen/Reklamieren	100
Bar und Café	104
Getränke	108
Shopping & Service	**109**
Supermarkt	110
Bekleidungs-/Schuhgeschäft	115
Größen	120
Friseur	121
Optiker	123
Schreibwaren/Tabakladen	125
Souvenir/Schmuck	127
Flohmarkt/Wochenmarkt	129
Obst und Gemüse	131
Bank & Post	**133**
Bank	134
Post	136
Unterhaltung & Freizeit	**139**
Konzert/Theater/Kino	140
Museum	144
Ausflüge und Ausflugsziele	148
Sport und Strand	154
Diverse Sportarten	159
Gesundheit & Notfälle	**161**
Apotheke	162
Medikamente	165
Arzt	167
Krankenhaus	171
Krankheiten	175
Polizei	176
Unfallprotokoll	182
Daten & Fakten	**183**
Die wichtigsten Zahlen	184
Maße und Gewichte	187
Uhrzeit und Datum	188
Tage und Monate	191
Wetter und Temperatur	193
Wörterbuch	**195**
Deutsch-Französisch	196
Französisch-Deutsch	227
Lautschrift	**256**

Die 100 wichtigsten Wörter, Fragen und Redewendungen

Bitte!	**S'il vous plaît!**	[silvu'plɛ]
Danke!	**Merci!**	[mɛr'si]
Ja!	**Oui!**	[wi]
Nein!	**Non!**	[nɔ̃]
Vielleicht!	**Peut-être!**	[pø'tɛtr]
Natürlich!	**Naturellement!**	[natyrɛl'mã]
Guten Morgen!	**Bonjour!**	[bɔ̃'ʒur]
Guten Tag!	**Bonjour!**	[bɔ̃'ʒur]
Guten Abend!	**Bonsoir!**	[bɔ̃'swar]
Gute Nacht!	**Bonne nuit!**	[bɔn nɥi]
Hallo!	**Salut!**	[sa'ly]
Wie geht es?	**Comment ça va?**	[kɔmã sa va]
Schön, Sie zu sehen!	**Content de vous voir!**	[kɔ̃tã də vu vwar]
Tschüss!	**Salut!**	[sa'ly]
Auf Wiedersehen!	**Au revoir!**	[o rə'vwar]
Bis bald!	**A bientôt!**	[a bjɛ̃'to]
Bis morgen!	**A demain!**	[a də'mɛ̃]
Ich verstehe nicht.	**Je ne comprends pas.**	[ʒə nə kɔ̃prã pa]
Wie bitte?	**Pardon?**	[par'dɔ̃]
Ich habe verstanden.	**J'ai compris.**	[ʒɛ kɔ̃pri]
Ich spreche kein ...	**Je ne parle pas ...**	[ʒə nə parl pa ...]
Sprechen Sie bitte langsamer.	**Parlez moins vite, s'il vous plaît.**	[parle mwɛ̃ vit silvuplɛ]
Ich kann Ihnen nicht folgen.	**Je n'arrive pas à vous suivre.**	[ʒə nariv pa za vu sɥivr]
Können Sie das noch einmal wiederholen?	**Pouvez-vous répéter encore une fois?**	[puve vu repete ãkɔr yn fwa]
Könnten Sie mir das bitte aufschreiben?	**Pourriez-vous me l'écrire, s'il vous plaît?**	[purje vu mə lekrir silvuplɛ]
Entschuldigung.	**Excusez-moi.**	[ɛkskyze mwa]
Das tut mir Leid.	**Je suis désolé.**	[ʒə sɥi dezɔle]
Macht nichts.	**Ce n'est pas grave.**	[sə nɛ pa grav]
Zum Flughafen.	**A l'aéroport.**	[a l aerɔ'pɔr]

Auf einen Blick

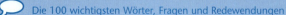

Die 100 wichtigsten Wörter, Fragen und Redewendungen

Zum Hotel ..., bitte.	A l'Hôtel ..., s'il vous plaît.	[a lotɛl ... silvuplɛ]
Mein Name ist ...	Je m'appelle ...	[ʒə mapɛl ...]
Ich brauche ...	J'ai besoin de ...	[ʒɛ bəzwɛ̃ də ...]
Ich möchte ...	Je voudrais ...	[ʒə vudrɛ ...]
Ich hätte gerne eine Fahrkarte nach ...	Je voudrais un billet pour ...	[ʒə vudrɛ œ̃ bijɛ pur ...]
Ich möchte einen Tisch reservieren.	Je voudrais réserver une table.	[ʒə vudrɛ rezɛrve yn tabl]
Ich bin hungrig/durstig.	J'ai faim/soif.	[ʒɛ fɛ̃/swaf]
Die Rechnung, bitte.	L'addition, s'il vous plaît.	[ladisjɔ̃ silvuplɛ]
Ich möchte ... Euro wechseln.	Je voudrais changer ... euros.	[ʒe vudrɛ ʃɑʒe ... œro]
Ich möchte gerne einen Stadtplan.	Je voudrais un plan de la ville.	[ʒə vudrɛ œ̃ plɑ̃ də la vil]
Ich möchte ... besichtigen.	Je voudrais visiter ...	[ʒə vudrɛ vizite ...]
Geben Sie mir bitte etwas gegen ...	Donnez-moi quelque chose contre ...	[done mwa kɛlkəʃoz kɔ̃tr ...]
Herzlichen Glückwunsch!	Félicitations!	[felisita'sjɔ̃]
Guten Appetit!	Bon appétit!	[bɔn ape'ti]
morgen	demain	[də'mɛ̃]
gestern	hier	[j'ɛr]
geradeaus	tout droit	[tu 'drwa]
rechts	à droite	[a 'drwat]
links	à gauche	[a 'goʃ]
hinten	derrière	[dɛr'jɛr]
vorne	devant	[də'vɑ̃]
oben	en haut	[ɑ̃ 'o]
unten	en bas	[ɑ̃ 'ba]
nah	près	[prɛ]
weit	loin	[lwɛ̃]

Auf einen Blick

Die 100 wichtigsten Wörter, Fragen und Redewendungen

Fragen

Sprechen Sie Deutsch?	**Parlez-vous allemand?**	[parle vu almã]
Verstehen Sie Deutsch?	**Comprenez-vous l'allemand?**	[kɔ̃prəne vu lalmã]
Wie heißen Sie?	**Comment vous appelez-vous?**	[komã vu zapəle vu]
Was bedeutet das?	**Qu'est-ce que cela signifie?**	[kɛskə səla siɲifi]
Können Sie mir bitte helfen?	**Pouvez-vous m'aider?**	[puve vu mede]
Wo ist die nächste Telefonzelle?	**Où est la cabine téléphonique la plus proche?**	[u ɛ la kabin telefonik la ply prɔʃ]
Wie viel Uhr ist es?	**Quelle heure est-il?**	[kɛl œr ɛtil]
Wie komme ich nach …?	**Comment est-ce que je fais pour me rendre à …?**	[komã ɛskə ʒə fɛ pur me rãdr a …]
Wo ist die nächste Tankstelle?	**Où se trouve la prochaine station-service?**	[u sə truv la prɔʃɛn stasjɔ̃ sɛrvis]
Welche Linie fährt nach …?	**Quelle ligne faut-il prendre pour aller à …?**	[kɛl liɲ fotil prãdr pur ale a …]
Wo ist das Hotel …?	**Où est l'hôtel …?**	[u ɛ lotɛl …]
Haben Sie noch ein Zimmer frei?	**Avez-vous une chambre de libre?**	[ave vu yn ʃãbr də libr]
Wie lang haben Sie geöffnet?	**Jusqu'à quelle heure êtes-vous ouvert?**	[ʒyska kɛl œr ɛt vu zuvɛr]
Wo ist der nächste Geldautomat?	**Où est le distributeur de billets le plus proche?**	[u ɛ lə distribytœr də bijɛ lə ply prɔʃ]
Was kostet der Eintritt?	**Combien coûte l'entrée?**	[kɔ̃bjɛ̃ kut lãtre]
Wann?	**Quand?**	[kã]
Warum?	**Pourquoi?**	[pur'kwa]
Was?	**Quoi?**	[kwa]
Welche/r?	**Laquelle/lequel?**	[la'kɛl/lə'kɛl]
Wer?	**Qui?**	[ki]
Wie?	**Comment?**	[ko'mã]

Auf einen Blick

Die 100 wichtigsten Wörter, Fragen und Redewendungen

Wo?	**Où?**	[u]
Woher?	**D'où?**	[du]
Wohin?	**Où?**	[u]
Wie lange?	**Combien de temps?**	[kɔ̃bjɛ̃ də tɑ̃]
Wie oft?	**Combien de fois?**	[kɔ̃bjɛ̃ də fwa]
Haben Sie ...?	**Avez-vous ...?**	[ave vu ...]
Wo steht ...?	**Où est ...?**	[u ɛ ...]
Was kostet ...?	**Combien coûte ...?**	[kɔ̃bjɛ̃ kut ...]
Kennen Sie einen Arzt/Kinderarzt?	**Connaissez-vous un médecin/pédiatre?**	[kɔnɛse vu œ̃ mɛdsɛ̃/pedjatr]
Wo ist das nächste Polizeirevier?	**Où est le commissariat le plus proche?**	[u ɛ lə kɔmisarja lə ply prɔʃ]
Können Sie mir ein Taxi rufen?	**Pouvez-vous m'appeler un taxi?**	[puve vu maple œ̃ taksi]
Wo sind hier die Toiletten?	**Où sont les toilettes?**	[u sɔ̃ le twalɛt]

Für den Notfall

Achtung!	**Attention!**	[atɑ̃'sjɔ̃]
Vorsicht!	**Prenez garde!**	[prəne 'gard]
Stopp!	**Stop!**	[stɔp]
Hilfe!	**Au secours!**	[o sə'kur]
Feuer!	**Au feu!**	[o'fø]
Polizei!	**Police!**	[pɔ'lis]
Rufen Sie einen Arzt!	**Appelez un médecin!**	[aple œ̃ mɛdsɛ̃]
Rufen Sie einen Krankenwagen!	**Appelez une ambulance!**	[aple yn ɑ̃bylɑ̃s]
Diesem Mann/dieser Frau geht es nicht gut!	**Cet homme/cette femme ne se sent pas bien!**	[sɛt ɔm/sɛt fam nə sə sɑ̃ pa bjɛ̃]
Hier tut es weh.	**J'ai mal ici.**	[ʒɛ mal isi]
Ich bin bestohlen worden!	**On m'a volé!**	[ɔ̃ ma vole]
Ich habe ... verloren.	**J'ai perdu ...**	[ʒɛ pɛrdy ...]
Rufen Sie die Polizei!	**Appelez la police!**	[aple la pɔlis]

Auf einen Blick

Sprechen & Verstehen

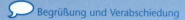
Begrüßung und Verabschiedung

Guten Morgen!	**Bonjour!**	[bɔ̃'ʒur]
Guten Tag!	**Bonjour!**	[bɔ̃'ʒur]
Guten Abend!	**Bonsoir!**	[bɔ̃'swar]
Gute Nacht!	**Bonne nuit!**	[bɔn 'nɥi]
Hallo!	**Salut!**	[sa'ly]
Darf ich bekannt machen?	**Puis-je faire les présentations?**	[pɥiʒ fɛr le prezɑ̃tasjɔ̃]
Freut mich.	**Enchanté.**	[ɑ̃ʃɑ̃'te]
Wie geht es Ihnen?	**Comment allez-vous?**	[kɔmɑ̃ tale vu]
Danke. Und Ihnen?	**Merci. Et vous?**	[mɛrsi e vu]
Wie heißen Sie?	**Comment vous appelez-vous?**	[kɔmɑ̃ vu zapəle vu]
Ich heiße ...	**Je m'appelle ...**	[ʒə mapɛl ...]
Ich komme aus ...	**Je viens de ...**	[ʒə vjɛ̃ də ...]
Woher kommen Sie?	**D'où venez-vous?**	[du vəne vu]
Wie lange bleiben Sie?	**Combien de temps restez-vous?**	[kɔ̃bjɛ̃ də tɑ̃ reste vu]

Sprechen & Verstehen

Begrüßung und Verabschiedung

Sind Sie zum ersten Mal hier?	**C'est la première fois que vous êtes ici?**	[sɛ la prəmjɛr fwa kə vu zɛt zisi]
Viel Vergnügen!	**Amusez-vous bien!**	[amyze vu bjɛ̃]
Ich wünsche Ihnen einen angenehmen Aufenthalt!	**Je vous souhaite un agréable séjour!**	[ʒə vu swɛt œ̃ nagreabl seʒur]
Grüßen Sie/Grüß ... von mir.	**Saluez/Salue ... de ma part.**	[salɥe/saly ... də ma par]
Kommen Sie wieder (zu uns).	**Revenez nous voir.**	[rəvəne nu vwar]
Ich lasse von mir hören.	**Je donnerai de mes nouvelles.**	[ʒə dɔnəre də me nuvɛl]
Wir sehen uns später!	**Nous nous verrons plus tard!**	[nu nu verɔ̃ ply tar]
Auf Wiedersehen!	**Au revoir!**	[o rə'vwar]
Alles Gute!	**Bonne continuation!**	[bɔn kɔ̃tinɥasjɔ̃]
Bis morgen!	**A demain!**	[a də'mɛ̃]
Gute Reise!	**Bon voyage!**	[bɔ̃ vwa'jaʒ]
Tschüss!	**Salut!**	[sa'ly]

Sprechen & Verstehen

Begrüßung und Verabschiedung

anrufen	**téléphoner**	[telefɔ'ne]
Frau	**madame**	[ma'dam]
Fräulein	**mademoiselle**	[madmwa'zɛl]
Freund	**ami, l'**	[a'mi]
Freundin	**amie, l'**	[a'mi]
gehen	**aller**	[ale]
grüßen	**saluer**	[sa'lɥe]
Herr	**monsieur**	[mə'sjø]
kennen lernen	**faire connaissance**	[fɛr kɔnɛsãs]
kommen	**venir**	[və'nir]

INFO

Das Grußwort „bonsoir" wird ab ca. 19.00 Uhr gebraucht, eine gute Nacht („bonne nuit") wünscht man nur, wenn man sich verabschiedet, um schlafen zu gehen. Besonders höflich wirken ein angehängtes „madame" oder „monsieur".

Mann	**homme, l'**	[ɔm]
meine Damen	**mesdames**	[me'dam]
meine Herren	**messieurs**	[me'sjø]
Nachname	**nom de famille, le**	[nɔ̃ də famij]
Name	**nom, le**	[nɔ̃]
Sohn	**fils, le**	[fis]
Tag	**jour, le**	[ʒur]
Tochter	**fille, la**	[fij]
umarmen	**embrasser**	[ãbra'se]
verabreden	**prendre rendez-vous**	[prãdr rãdevu]
verabschieden	**dire au revoir**	[dir o rəvwar]
vergessen	**oublier**	[ubli'je]
Vorname	**prénom, le**	[pre'nɔ̃]

Sprechen & Verstehen

Postkarte

Viele Grüße aus …	**Bonjour de …**	[bɔ̃ʒur də …]
Das Wetter ist sehr schön/ sehr schlecht.	**Il fait très beau/mauvais temps.**	[il fɛ trɛ bo/movɛ tã]
Die Sonne scheint den ganzen Tag.	**Le soleil brille toute la journée.**	[lə solɛj brij tut la ʒurne]
Es regnet die ganze Zeit/schon seit Tagen.	**Il pleut tout le temps/depuis déjà des jours.**	[il plø tu lə tã/dəpɥi deʒa de ʒur]
Wir haben Sonnenschein und Pulverschnee.	**Le soleil brille et la neige est poudreuse.**	[lə solɛj brij e la nɛʒ ɛ pudrøz]
Der Strand ist wunderschön/ leider etwas überfüllt.	**La plage est merveilleuse/ malheureusement un peu trop fréquentée.**	[la plaʒ ɛ mɛrvɛjøz/ malørøzmã œ̃ pø tro frekãte]
Unser Hotel ist mitten im Zentrum von …	**Notre hôtel est situé dans le centre de …**	[nɔtr otɛl ɛ sitɥe dã lə sãtr də …]
Mit unserem Hotel sind wir sehr zufrieden.	**Nous sommes très satisfaits de notre hôtel.**	[nu sɔm trɛ satisfɛ də nɔtr otɛl]

Sprechen & Verstehen

Postkarte

Das Hotel ist leider etwas heruntergekommen.	**L'hôtel est malheureusement un peu délabré.**	[lotɛl ɛ malørøzmɑ̃ œ̃ pø delabre]
Die Hotelzimmer sind etwas klein/sehr gemütlich.	**Les chambres de l'hôtel sont un peu trop petites/très confortables.**	[le ʃɑ̃br də lotɛl sɔ̃ tœ̃ pø tro pətit/trɛ kɔ̃fɔrtabl]
Das Essen ist sehr reichlich und gut.	**La nourriture est abondante et bonne.**	[la nurityr ɛ tabɔ̃dɑ̃t e bɔn]
Es gibt hier sehr viel zu sehen.	**Il y a beaucoup à voir ici.**	[ilia boku a vwar isi]
... ist eine fantastische Stadt/sehenswerte Altstadt.	**... est une ville fantastique/vieille ville digne d'être vue.**	[... ɛ tyn vil fɑ̃tastik/vjɛj vil diɲ dɛtr vy]
Die Landschaft ist wunderschön.	**Le paysage est merveilleux.**	[lə peizaʒ ɛ mɛrvejø]
Viele Grüße an ...	**Passez le bonjour à ...**	[pase lə bɔ̃ʒur a ...]
Bis bald!	**A bientôt!**	[a bjɛ̃'to]

Sprechen & Verstehen

Verständigung

Wie bitte?	**Pardon?**	[parˈdɔ̃]
Ich habe nicht alles verstanden.	**Je n'ai pas tout compris.**	[ʒə nɛ pa tu kɔ̃pri]
Ich bin ... Jahre alt.	**J'ai ... ans.**	[ʒɛ ... ɑ̃]
Ich komme aus Deutschland.	**Je viens d'Allemagne.**	[ʒə vjɛ̃ dalmaɲ]
Ich arbeite als Lehrer, Beamter, Maler usw.	**Je suis enseignant, fonctionnaire, peintre etc.**	[ʒə sɥi zɑ̃seɲɑ̃, fɔ̃ksjɔnɛr pɛ̃tr ɛtsetera]
Sprechen Sie Deutsch/Englisch/ Französisch/ Spanisch?	**Parlez-vous allemand/anglais/ français/espagnol?**	[parle vu almɑ̃/ ɑ̃glɛ/frɑ̃sɛ/ɛspaɲɔl]
Können Sie mich verstehen?	**Pouvez-vous me comprendre?**	[puve vu mə kɔ̃prɑ̃dr]
Verstehen Sie mich?	**Est-ce que vous me comprenez?**	[ɛskə vu mə kɔ̃prəne]
Ich verstehe Sie nicht.	**Je ne vous comprends pas.**	[ʒə nə vu kɔ̃prɑ̃ pa]
Könnten Sie das für mich übersetzen?	**Pourriez-vous me traduire cela?**	[purje vu mə tradɥir səla]

Sprechen & Verstehen

Verständigung

Könnten Sie mir das bitte aufschreiben?	**Pourriez-vous me l'écrire, s'il vous plaît?**	[purje vu mə lekrir silvuplɛ]
Bitte sprechen Sie etwas langsamer.	**Parlez un peu plus lentement, s'il vous plaît.**	[parle œ̃ pø ply lɑ̃tmɑ̃ silvuplɛ]
Würden Sie bitte herschauen?	**Pourriez-vous venir voir par ici, s'il vous plaît?**	[purje vu vənir vwar par isi silvuplɛ]
Können Sie mir helfen?	**Pouvez-vous m'aider?**	[puve vu mede]
Bitte verbessern Sie mich, wenn ich Fehler mache.	**Corrigez-moi si je fais des erreurs, s'il vous plaît.**	[koriʒe mwa si ʒə fɛ de zerœr silvuplɛ]
Buchstabieren/ Wiederholen Sie das bitte.	**Epelez/Répétez cela, s'il vous plaît.**	[epəle/repete səla silvuplɛ]
Was bedeutet das?	**Qu'est-ce que cela signifie?**	[kɛskə səla siɲifi]
Was heißt ... auf Deutsch/Englisch/ Französisch?	**Comment dit-on ... en allemand/ anglais/français?**	[komɑ̃ ditɔ̃ ... ɑ̃ nalmɑ̃/ɑ̃glɛ/frɑ̃sɛ]
Wie spricht man dieses Wort aus?	**Comment prononce-t-on ce mot?**	[komɑ̃ pronɔ̃s tɔ̃ sə mo]

Sprechen & Verstehen

Verständigung

Akzent	**accent, l'**	[aksɑ̃]
Antwort	**réponse, la**	[repɔ̃s]
antworten	**répondre**	[repɔ̃dr]
aufschreiben	**écrire**	[ekrir]
Aussprache	**prononciation, la**	[pronɔ̃sjasjɔ̃]
aussprechen	**prononcer**	[pronɔ̃se]
Bild	**image, l'**	[imaʒ]
Dialekt	**dialecte, le**	[djalekt]
erklären	**expliquer**	[ɛkspli'ke]
falsch verstehen	**mal comprendre**	[mal kɔ̃prɑ̃dr]
flüstern	**chuchoter**	[ʃyʃote]
Frage	**question, la**	[kɛstjɔ̃]
fragen	**demander**	[dəmɑ̃de]
Gespräch	**conversation, la**	[kɔ̃vɛrsasjɔ̃]
Gestik	**gestuelle, la**	[ʒɛstyɛl]
gestikulieren	**gesticuler**	[ʒɛstikyle]
Grammatik	**grammaire, la**	[gra'mmɛr]
Hinweis	**indication, l'**	[ɛ̃dikasjɔ̃]
hören	**entendre**	[ɑ̃t'ɑ̃dr]
Information	**information, l'**	[ɛ̃fɔrmasjɔ̃]
informieren	**informer**	[ɛ̃fɔrme]
Inhalt	**contenu, le**	[kɔ̃təny]
Kommunikation	**communication, la**	[komynika'sjɔ̃]
Körpersprache	**langage gestuel, le**	[lɑ̃gaʒ ʒɛstyɛl]
langsam	**lent**	[lɑ̃]
laut	**fort**	[fɔr]
leise	**bas**	[ba]
lesen	**lire**	[lir]

Sprechen & Verstehen

Verständigung

Mimik	**mimique, la**	[mimik]
Missverständnis	**malentendu, le**	[malɑ̃tɑ̃dy]
Nachricht	**nouvelle, la**	[nuvɛl]
Notiz	**note, la**	[nɔt]
nuscheln	**marmonner**	[marmɔne]
Pfeil	**flèche, la**	[flɛʃ]
Problem	**problème, le**	[prɔblɛm]
rufen	**appeler**	[aple]
sagen	**dire**	[dir]
Satz	**phrase, la**	[fraz]
schnell	**rapide**	[rapid]
schreien	**crier**	[krije]
schreiben	**écrire**	[eˈkrir]
sich verständlich machen	**se faire comprendre**	[sə fɛr kɔ̃prɑ̃dr]
sprechen	**parler**	[parˈle]
Stift	**crayon, le**	[krɛˈjɔ̃]
stottern	**bégayer**	[begeje]
Streit	**dispute, la**	[dispyt]
Telefon	**téléphone, le**	[teleˈfɔn]
unterbrechen	**interrompre**	[ɛ̃terɔ̃pr]
Verständnis-schwierigkeit	**difficultés de compréhension, les**	[difikylte də kɔ̃preɑ̃sjɔ̃]
verstehen	**comprendre**	[kɔ̃prɑ̃dr]
Vokabel	**vocabulaire, le**	[vɔkabylɛr]
wiederholen	**répéter**	[repete]
Wort	**mot, le**	[mo]
Wörterbuch	**dictionnaire, le**	[diksjɔnɛr]
zeigen	**montrer**	[mɔ̃tre]
Zettel	**fiche, la**	[fiʃ]

Sprechen & Verstehen

Floskeln

Ich freue mich für Sie!	**Je me réjouis pour vous!**	[ʒə mə reʒwi pur vu]
Das freut mich ungemein!	**Cela me réjouit vraiment!**	[səla mə reʒwi vrɛmã]
Herzlichen Glückwunsch!	**Félicitations!**	[felisita'sjɔ̃]
Das ist eine gute Nachricht!	**C'est une bonne nouvelle!**	[sɛ tyn bɔn nuvɛl]
Das tut mir wirklich Leid.	**Je suis vraiment désolé.**	[ʒə sɥi vrɛmã dezɔle]
Sie haben mein Mitgefühl.	**Je compatis.**	[ʒə kɔ̃pati]
Das ist eine schreckliche Nachricht.	**C'est une horrible nouvelle.**	[sɛ tyn oribl nuvɛl]
Ich wünsche gutes Gelingen!	**Je vous souhaite une bonne réussite!**	[ʒə vu swɛt yn bɔn reysit]
Alles Gute für die Zukunft!	**Je vous souhaite tout ce qu'il y a de meilleur pour l'avenir!**	[ʒə vu swɛt tu sə kilia də mɛjœr pur lavnir]
Ende gut, alles gut!	**Tout est bien qui fini bien!**	[tu tɛ bjɛ̃ ki fini bjɛ̃]

Sprechen & Verstehen

Floskeln

Das ist mir peinlich.	**Cela m'embarasse.**	[səla mãbaras]
Es ist bedauerlich ...	**C'est regrettable ...**	[sɛ rəgrɛtabl ...]
Es tut mir Leid.	**Je suis désolé.**	[ʒə sɥi dezɔle]
Das macht nichts.	**Ce n'est pas grave.**	[sə nɛ pa grav]
Darf ich?	**Puis-je?**	[pɥiʒ]
Bitte sehr!	**Je vous en prie!**	[ʒə vu zã pri]
Ja, bitte.	**Oui, s'il vous plaît.**	[wi silvuplɛ]
Wie bitte?	**Pardon?**	[par'dɔ̃]
Sehr gut!	**Très bien!**	[trɛ 'bjɛ̃]
Gern geschehen!	**De rien!**	[də 'rjɛ̃]
Viel Vergnügen!	**Amusez-vous bien!**	[amyze vu bjɛ̃]
Vielen Dank.	**Merci beaucoup.**	[mɛrsi boku]
Danke gleichfalls.	**Merci, vous aussi.**	[mɛrsi vu zosi]
Ich glaube ...	**Je crois ...**	[ʒə krwa ...]
Ich könnte mir vorstellen ...	**Je peux bien m'imaginer ...**	[ʒə pø bjɛ̃ mimaʒine ...]

Floskeln

Ich möchte sagen ...	**Je voudrais dire ...**	[ʒə vudrɛ dir ...]
Ich gehe davon aus ...	**Je suppose ...**	[ʒə sypoz ...]
Aufrichtig gesprochen ...	**Sincèrement ...**	[sɛ̃sɛrˈmɑ̃ ...]
Im Grunde genommen ...	**Au fond ...**	[o ˈfɔ̃ ...]
Da haben Sie mich falsch verstanden ...	**Vous m'avez mal compris ...**	[vu mave mal kɔ̃pri ...]
Das war ein Missverständnis.	**Il s'agissait d'un malentendu.**	[il saʒisɛ dœ̃ malɑ̃tɑ̃dy]
Man könnte sagen ...	**On pourrait dire ...**	[ɔ̃ purɛ dir ...]
Auf keinen Fall.	**En aucun cas.**	[ɑ̃ nokɛ̃ ka]
Das geht doch nicht.	**Cela ne va pas.**	[səla nə va pa]
Ich weiß nicht.	**Je ne sais pas.**	[ʒə nə sɛ pa]
Nein, danke.	**Non merci.**	[nɔ̃ mɛrsi]
Wie schade.	**Comme c'est dommage.**	[kɔm sɛ dɔmaʒ]

Sprechen & Verstehen

Floskeln

Absicht	**intention, l'**	[ɛ̃tɑ̃'sjɔ̃]
andererseits	**d'autre part**	[dotr 'par]
ausdrücken	**exprimer**	[ekspri'me]
beabsichtigt	**exprès**	[eks'prɛ]
bedauern	**regretter**	[rəgre'te]
davon ausgehen	**supposer**	[sypo'ze]
Einladung	**invitation, l'**	[ɛ̃vita'sjɔ̃]
Freude	**joie, la**	[ʒwa]
Glückwunsch	**félicitations, les**	[felisita'sjɔ̃]
herzlich	**cordialement**	[kɔrdjal'mɑ̃]
Missverständnis	**malentendu, le**	[malɑ̃tɑ̃'dy]
missverstehen	**se méprendre**	[sə me'prɑ̃dr]
Peinlichkeit	**action gênante, l'**	[aksjɔ̃ ʒɛnɑ̃t]

> **INFO**
>
> Es ist in Frankreich nicht üblich, sich „zum quatschen" im Restaurant an den Tisch eines anderen zu setzen! Im Café ist dies schon eher üblich.

sehr gut	**très bien**	[trɛ bjɛ̃]
sprechen	**parler**	[par'le]
Verständnis	**compréhension, la**	[kɔ̃preɑ̃'sjɔ̃]
verstehen	**comprendre**	[kɔ̃'prɑ̃dr]
Verzeihung	**pardon, le**	[par'dɔ̃]
viel	**beaucoup**	[bo'ku]
wenig	**peu**	[pø]
wunderschön	**merveilleux**	[mɛrvɛ'jø]
wundervoll	**superbe**	[sy'pɛrb]
zufrieden	**content**	[kɔ̃'tɑ̃]
Zukunft	**avenir, l'**	[av'nir]

 Sprechen & Verstehen

Fettnäpfchen

INFO

Selbst wenn man eine Fremdsprache perfekt beherrscht, kann man dennoch leicht ins Fettnäpfchen treten, wenn man die Gepflogenheiten seines Gastlandes nicht kennt. Um in Frankreich „grobe Schnitzer" in Sachen Sitten und Gebräuche zu vermeiden, haben wir hier eine kleine Liste zusammengestellt.

Im Restaurant wird die Rechnung niemals geteilt. Wenn Sie in einer größeren Gruppe speisen, zahlen Sie gemeinsam und machen den Rest dann unter sich aus.

Für Kellner wird eine kleine „Aufmerksamkeit" auf dem Tisch hinterlassen. Auch Taxifahrer und Hotelpersonal haben stets eine kleine „Anerkennung" verdient. In Restaurant, Kino und Theater werden die Plätze meist zugewiesen. Stürmen Sie also nicht einfach hinein. Männer werden meist nur mit „Monsieur", Frauen nur mit „Madame" oder „Mademoiselle" angeredet, ohne den Nachnamen zu nennen.

Beachten Sie, dass Höflichkeit für Franzosen einen hohen Stellenwert hat und sagen Sie daher immer „bitte" („s'il vous plaît") und „danke" („merci"). Wenn Sie bei einer französischen Familie zum Essen eingeladen sind, sollten Sie nicht pünktlich, sondern mit zehn bis fünfzehn Minuten Verspätung erscheinen. Meist wird auch ein kleines Mitbringsel erwartet, z. B. eine Flasche Wein oder ein Strauß Blumen. Frauen gegenüber sind Franzosen sehr galant. So ist es z. B. üblich, Frauen die Tür aufzuhalten oder im Restaurant den Stuhl zurechtzurücken.

Sprechen & Verstehen

Small Talk

Wie heißen Sie?/ Wie heißt du?	**Comment vous appelez-vous?/ Comment t'appelles-tu?**	[komã vu zaple vu/komã tapɛl ty]
Mein Name ist ...	**Je m'appelle ...**	[ʒə mapɛl ...]
Was sind Sie von Beruf?	**Quel est votre métier?**	[kɛl ɛ vɔtr metje]
Was studieren Sie?	**Qu'étudiez-vous?**	[ketydje vu]
Wie alt sind Sie?/ Wie alt bist du?	**Quel âge avez-vous?/ Quel âge as-tu?**	[kɛl aʒ ave vu/kɛl aʒ aty]
Woher kommen Sie?	**D'où venez-vous?**	[du vəne vu]
Ich heiße .../Ich bin ...	**Je m'appelle .../ Je suis ...**	[ʒə mapɛl .../ʒə sɥi ...]
Ich bin aus Deutschland.	**Je viens d'Allemagne.**	[ʒə vjẽ dalmaɲ]
Wie geht's?	**Ça va?**	[sa 'va]
Sehr gut, danke.	**Très bien, merci.**	[trɛ bjẽ mɛrsi]
Nicht so gut.	**Pas trop bien.**	[pas tro bjẽ]
Mögen Sie Sport?	**Aimez-vous le sport?**	[aime vu lə spɔr]

Small Talk

Haben Sie Feuer?	**Avez-vous du feu?**	[ave vu dy fø]
Möchten Sie eine Zigarette?	**Voulez-vous une cigarette?**	[vule vu yn sigarɛt]
Hast du Lust, mich zu einer Party zu begleiten?	**As-tu envie de m'accompagner à une fête?**	[aty ãvi də makɔ̃paɲe a yn fɛt]
Wundervoll. Ich werde gerne kommen.	**Merveilleux, je viendrai volontiers.**	[mɛrvɛjø ʒə vjɛ̃drɛ vɔlɔ̃tje]
Ich hole Sie in Ihrem Hotel ab.	**Je passerai vous chercher à votre hôtel.**	[ʒə pasrɛ vu ʃerʃe a vɔtr otɛl]
Tut mir Leid, aber ich kann nicht kommen.	**Je suis désolé, mais je ne peux pas venir.**	[ʒə sɥi dezole mɛ ʒə nə pø pa vənir]
Entschuldigen Sie die Verspätung.	**Veuillez excuser mon retard.**	[vøje ɛkskyze mɔ̃ rətar]
Sind Sie verheiratet?	**Etes-vous marié?**	[ɛt vu marje]
Darf ich mich setzen?	**Est-ce que je peux m'asseoir?**	[ɛskə ʒə pø maswar]
Es tut mir Leid, hier ist besetzt.	**Je suis désolé, c'est occupé.**	[ʒə sɥi dezole sɛ tokype]

Sprechen & Verstehen

Small Talk

Setzen Sie sich.	**Asseyez-vous.**	[aseje vu]
Störe ich?	**Est ce que je dérange?**	[ɛskə ʒə derɑ̃ʒ]
Nein, Sie stören überhaupt nicht.	**Non vous ne dérangez pas du tout.**	[nɔ̃ vu nə derɑ̃ʒe pa dy tu]
Darf ich Sie zum Mittagessen einladen?	**Est-ce que je peux vous inviter à déjeuner?**	[ɛskə ʒə pø vu zɛ̃vite a deʒœne]
Ich möchte ein wenig spazieren gehen.	**Je voudrais me promener un peu.**	[ʒə vudrɛ mə promne œ̃ pø]
Haben Sie Lust, mich zu begleiten?	**Avez-vous envie de m'accompagner?**	[ave vu ɑ̃vi də makɔ̃paɲe]
Darf ich Sie nach Hause bringen?	**Est-ce que je peux vous raccompagner chez vous?**	[ɛskə ʒə pø vu rakɔ̃paɲe ʃe vu]
Möchten Sie tanzen?	**Voulez-vous danser?**	[vule vu dɑ̃se]
Sehr gerne.	**Très volontiers.**	[trɛ vɔlɔ̃tje]
Sie tanzen sehr gut.	**Vous dansez très bien.**	[vu dɑ̃se trɛ bjɛ̃]

Small Talk

Möchten Sie am ... mit uns zu Abend essen?	**Voulez-vous dîner avec nous le ...?**	[vule vu dine avɛk nu lə ...]
Mit Vergnügen.	**Avec plaisir.**	[avɛk plɛzir]
Der Abend war sehr schön. Ich danke Ihnen!	**C'était une agréable soirée. Je vous remercie!**	[setɛ tyn agreabl sware ʒə vu rəmɛrsi]
Ich bin auf dem Weg zum Strand.	**Je suis en route pour la plage.**	[ʒə sɥi zã rut pur la plaʒ]
Ich gehe gerade einkaufen.	**Je suis en train d'aller faire des courses.**	[ʒə sɥi zã trẽ dale fɛr de kurs]
Machen Sie Urlaub hier?	**Etes-vous en vacances ici?**	[ɛt vu ã vakãs isi]
Wie oft waren Sie denn schon hier?	**Combien de fois êtes-vous déjà venu ici?**	[kɔ̃bjẽ də fwa ɛt vu deʒa vəny isi]
Reisen Sie sehr viel?	**Voyagez-vous beaucoup?**	[vwajaʒe vu boku]
Gefällt Ihnen dieser Ort?	**Cet endroit vous plaît-il?**	[sɛt ãdrwa vu plɛ til]
Wie gefällt Ihnen ...?	**Est-ce que ... vous plaît?**	[ɛskə ... vu plɛ]

Sprechen & Verstehen

Small Talk

Es gefällt mir sehr gut.	**Cela me plaît beaucoup.**	[səla mə plɛ boku]
Wohnen Sie hier?	**Habitez-vous ici?**	[abite vu isi]
Wollen wir etwas zusammen unternehmen?	**Voulez-vous que nous fassions quelque chose ensemble?**	[vule vu kə nu fasjɔ̃ kɛlkəʃoz ɑ̃sɑ̃bl]
Vielen Dank für den schönen Tag/Abend!	**Merci pour cette belle journée/ce beau soir!**	[mɛrsi pur sɛt bɛl ʒurne/sə bo swar]
Sehen wir uns noch einmal?	**Nous reverrons-nous?**	[nu rəvɛrɔ̃ nu]
Morgen um die selbe Zeit?	**Demain à la même heure?**	[dəmɛ̃ a la mɛm œr]
Tut mir Leid, aber ich muss jetzt gehen.	**Je suis désolé, mais je dois partir à présent.**	[ʒə sɥi dezole mɛ ʒə dwa partir a prezɑ̃]
Leider fahre ich morgen schon wieder nach Hause.	**Malheureusement, je retourne à la maison demain.**	[malørøzmɑ̃ ʒə rəturn a la mɛzɔ̃ dəmɛ̃]
Alles Gute!	**Bonne continuation!**	[bɔn kɔ̃tinɥasjɔ̃]
Bis morgen!	**A demain!**	[a dəmɛ̃]

Sprechen & Verstehen

Small Talk

Abend	soir, le	[swar]
Alkohol	alcool, l'	[al'kɔl]
Arbeit	travail, le	[tra'vaj]
Cocktail	cocktail, le	[kɔktɛl]
Deutsch	allemand, l'	[al'mã]
Diskothek	discothèque, la	[disko'tɛk]
essen	manger	[mã'ʒe]
Ferien	vacances, les	[va'kãs]
Feuerzeug	briquet, le	[bri'kɛ]
Frau	femme, la	[fam]
Freund	ami, l'	[a'mi]
Freundin	amie, l'	[a'mi]
früh	matin	[ma'tɛ̃]
gestern	hier	[j'ɛr]
Getränk	boisson, la	[bwa'sɔ̃]
Glas	verre, le	[vɛr]
heiß	chaud	[ʃo]
heute	aujourd'hui	[oʒur'dɥi]
Hobby	loisir, le	[lwa'zir]
Hotel	hôtel, l'	[o'tɛl]
Interessen	intérêts, les	[ɛ̃te'rɛ]
joggen	faire du jogging	[fɛr dy dʒɔ'giŋ]
Kino	cinéma, le	[sine'ma]
Konzert	concert, le	[kɔ̃sɛr]
Mittag	midi	[mi'di]
morgen	demain	[də'mɛ̃]
Nacht	nuit, la	[nɥi]
Politik	politique, la	[poli'tik]
Regen	pluie, la	[plɥi]
romantisch	romantique	[romã'tik]
schlecht	mauvais	[mo'vɛ]

Sprechen & Verstehen

Small Talk

schön	**beau**	[bo]
Schwimmbad	**piscine, la**	[pi'sin]
schwül	**lourd**	[lur]
Sohn	**fils, le**	[fis]
Sonne	**soleil, le**	[sɔ'lɛj]
spät	**tard**	[tar]
spazieren	**se promener**	[sə prɔmə'ne]
Sport	**sport, le**	[spɔr]

INFO

Das „Sie" ist in Frankreich eine durchaus übliche Anrede. Selbst Freunde, die sich über lange Jahre kennen und auch private Gespräche führen, bleiben oft beim „Sie". Vertraulich wird es häufig durch „Sie" und den Vornamen.

sprechen	**parler**	[par'le]
stürmisch	**déchaîné**	[deʃe'ne]
Tanz	**danse, la**	[dɑ̃s]
Temperatur	**température, la**	[tɑ̃pera'tyr]
Tochter	**fille, la**	[fij]
Uhr	**montre, la**	[mɔ̃tr]
Uhrzeit	**heure, l'**	[œr]
Urlaub	**vacances, les**	[va'kɑ̃s]
Verzeihung	**pardon, le**	[par'dɔ̃]
wechselhaft	**changeant**	[ʃɑ̃ʒɑ̃]
Wein	**vin, le**	[vɛ̃]
Wetter	**temps, le**	[tɑ̃]
Wetterbericht	**bulletin météo-rologique, le**	[byltɛ̃ meteɔrɔlɔ'ʒik]
Zigarren	**cigares, les**	[sigar]
Zigaretten	**cigarettes, les**	[siga'rɛt]

Telefonieren

Wo ist die nächste Telefonzelle?	**Où est la cabine téléphonique la plus proche?**	[u ɛ la kabin telefonik la ply prɔʃ]
Können Sie mir bitte eine Telefonkarte geben?	**Pouvez-vous me donner une carte de téléphone, s'il vous plaît?**	[puve vu mə dɔne yn kart də telefɔn silvuplɛ]
Wie lautet die Vorwahl von …?	**Quel est l'indicatif pour …?**	[kɛl ɛ lɛ̃dikatif pur …]
Hier spricht …	**C'est … à l'appareil.**	[sɛ … a laparɛj]
Wer ist dort?	**Qui est à l'appareil?**	[ki ɛ ta laparɛj]
Mit wem spreche ich?	**A qui ai-je l'honneur?**	[a ki ɛʒ lɔnœr]
Ich möchte gerne Herrn/Frau … sprechen.	**Je voudrais parler à monsieur/madame …**	[ʒə vudrɛ parle a məsjø/madam …]
Einen Moment, ich verbinde Sie.	**Un instant, je vous le/la passe.**	[œ̃ ɛ̃stɑ̃ ʒə vu lə/la pas]

Sprechen & Verstehen

Telefonieren

Einen Augenblick bitte.	**Un instant, s'il vous plaît.**	[œ̃ nɛ̃stɑ̃ silvuplɛ]
Es tut mir Leid, der Anschluss ist besetzt.	**Je suis désolé, la ligne est occupée.**	[ʒə sɥi dezole la liɲ ɛ tokype]
Möchten Sie eine Nachricht hinterlassen?	**Voulez-vous laisser un message?**	[vule vu lese œ̃ mesaʒ]
Könnte er/sie mich bitte zurückrufen?	**Pourrait-il/elle me rappeler?**	[purɛ til/ɛl mə rapəle]
Können Sie mir bitte Ihre Telefonnummer geben?	**Pouvez-vous me donner votre numéro de téléphone?**	[puve vu mə dɔne vɔtrə nymero də telefɔn]
Meine Telefonnummer ist ...	**Mon numéro de téléphone est le ...**	[mɔ̃ nymero də telefɔn ɛ lə ...]
Richten Sie ihm/ihr Grüße aus.	**Passez-lui le bonjour de la part de ...**	[pase lɥi lə bɔ̃ʒur də la par də ...]
Tut mir Leid, Sie haben sich verwählt.	**Je suis désolé, vous vous êtes trompé de numéro.**	[ʒə sɥi dezole, vu vu zɛt trɔ̃pe də nymero]

Reise & Verkehr

Wegbeschreibung

Wo ist (sind) …?	**Où est (sont) …?**	[u ɛ (sɔ̃) …]
Wie komme ich nach …?	**Comment est-ce que je fais pour me rendre à …?**	[komã ɛskə ʒə fɛ pur mə rãdr a …]
Kennen Sie die … Straße?	**Connaissez-vous la rue …?**	[konese vu la ry …]
Wo liegt bitte diese Adresse?	**Où se trouve la rue …?**	[u sə truv la ry …]
Können Sie mir bitte auf der Karte zeigen, wo ich bin?	**Pouvez-vous me montrer sur la carte où je me trouve?**	[puve vu mə mɔ̃tre syr la kart u ʒə mə truv]
Ist das die Straße nach …?	**Est-ce que c'est la route de …?**	[ɛskə sɛ la rut də …]
Sie sind genau richtig.	**Vous êtes sur la bonne route.**	[vu zɛt syr la bɔn rut]
Dort drüben ist es schon.	**C'est là-bas.**	[sɛ la ba]
Folgen Sie den Schildern, auf denen … steht.	**Suivez les panneaux sur lesquels il est écrit …**	[sɥive le pano syr lekɛl il ɛ tekri …]
Sie sind hier falsch.	**Ce n'est pas la bonne direction.**	[sə nɛ pa la bɔn dirɛksjɔ̃]

Reise & Verkehr

Wegbeschreibung

Sie müssen umkehren bis Sie …	**Il faut que vous rebroussiez chemin jusqu'à ce que vous …**	[il fo kə vu rəbrusje ʃəmɛ̃ ʒyska sə kə vu …]
Wie weit ist das?	**Est-ce que c'est loin?**	[ɛskə sɛ lwɛ̃]
Muss ich zu/nach … fahren?	**Faut-il que je prenne la direction de …?**	[fo til kə ʒə prɛn la dirɛksjɔ̃ də …]
Wie viele Kilometer sind es bis …?	**Combien de kilomètres y a-t-il jusqu'à …?**	[kɔ̃bjɛ̃ də kilomɛtr iatil ʒyska …]
Können Sie mir den Ort/die Straße bitte auf der Karte zeigen?	**Pouvez-vous me montrer l'endroit/la route sur la carte?**	[puve vu mə mɔ̃tre lɑ̃drwa/la rut syr la kart]
Gibt es auch eine wenig befahrene Straße nach …?	**Y a-t-il aussi une route moins fréquentée pour se rendre à …?**	[iatil osi yn rut mwɛ̃ frekɑ̃te pur sə rɑ̃dr a …]
Gibt es dort eine Autobahn?	**Y a-t-il une autoroute?**	[iatil yn otorut]
Ist dort eine Brücke oder eine Fähre?	**Y a-t-il un pont ou un ferry?**	[iatil ɛ̃ pɔ̃ u ɛ̃ feri]

Reise & Verkehr

Wegbeschreibung

Wie weit ist es wohl bis ...?	**A quelle distance se trouve ...?**	[a kɛl distɑ̃s sə truv ...]
Wie lange brauche ich wohl mit dem Auto dorthin?	**Combien de temps faut-il pour s'y rendre en voiture?**	[kɔ̃bjɛ̃ də tɑ̃ fotil pur si rɑ̃dr ɑ̃ vwatyr]
Wie lange brauche ich wohl zu Fuß dorthin?	**Combien de temps faut-il pour s'y rendre à pied?**	[kɔ̃bjɛ̃ də tɑ̃ fotil pur si rɑ̃dr a pje]
Kann ich das Ziel bis heute Mittag/Abend erreichen?	**Pourrai-je y arriver avant ce midi/ce soir?**	[pureʒ i arive avɑ̃ sə midi/sə swar]
Fahren Sie geradeaus.	**Continuez tout droit.**	[kɔ̃tinɥe tu drwa]
Fahren Sie bis zur ersten/zweiten/dritten Kreuzung.	**Continuez jusqu'au premier/deuxième/troisième carrefour.**	[kɔ̃tinɥe ʒysko prəmje/dəzjɛm/trwazjɛm karfur]
Biegen Sie bei der Ampel links/rechts ab.	**Tournez au feu à gauche/à droite.**	[turne o fø a goʃ/a drwat]
Sie müssen über die Brücke und danach rechts/links abbiegen.	**Il faut que vous traversiez le pont et que vous tourniez ensuite à droite/à gauche.**	[il fo kə vu travɛrsje lə pɔ̃ e kə vu turnje ɑ̃sɥit a drwat/a goʃ]

Reise & Verkehr

Wegbeschreibung

Abfahrt	**départ, le**	[de'par]
Abkürzung	**raccourci, le**	[rakur'si]
Ampel	**feu, le**	[fø]
andere Seite	**l'autre côté**	[lotr ko'te]
Auffahrt	**bretelle d'accès, la**	[brətɛl dak'sɛ]

Autobahn	**autoroute, l'**	[oto'rut]
Brücke	**pont, le**	[pɔ̃]
danach	**ensuite**	[ɑ̃sɥit]
davor	**avant**	[a'vɑ̃]
Dorf	**village, le**	[vi'laʒ]
Durchfahrt verboten!	**Passage interdit!**	[pasaʒ ɛ̃tɛr'di]
Einbahnstraße	**sens unique, le**	[sɑ̃s y'nik]
Fähre	**ferry, le**	[fɛ'ri]
falsch	**mauvais**	[mo'vɛ]

Fluss	**fleuve, le**	[flœv]
Fuß	**pied, le**	[pje]
gegenüber	**en face**	[ɑ̃ 'fas]
hinter	**derrière**	[der'jɛr]
Höchstgeschwindigkeit	**vitesse maximum, la**	[vitɛs maksi'mɔm]
Kirche	**église, l'**	[e'gliz]
Kreisverkehr	**rond point, le**	[rɔ̃ 'pwɛ̃]
Kreuzung	**intersection, l'**	[ɛ̃tɛrsɛk'sjɔ̃]
Landstraße	**route nationale, la**	[rut nasjɔ'nal]
links	**à gauche**	[a 'goʃ]
nächste/r	**prochain/e**	[pro'ʃɛ̃/ɛn]
neben	**à côté**	[a ko'te]
Nord	**nord, le**	[nɔr]
Ort	**endroit, l'**	[ɑ̃'drwa]

Reise & Verkehr

Wegbeschreibung

Ost	**est, l'**	[ɛst]
Polizeirevier	**commissariat de police, le**	[kɔmisarja də pɔ'lis]
rechts	**à droite**	[a 'drwat]
richtig	**correct**	[kɔ'rɛkt]
Sackgasse	**cul-de-sac, le**	[ky də 'sak]
Schnellstraße	**voie rapide, la**	[vwa ra'pid]
Spur	**voie, la**	[vwa]
Stadt	**ville, la**	[vil]

> **INFO**
>
> *Wenn Sie in Frankreich ins Stadtzentrum möchten, folgen Sie einfach nur dem Schild „centre ville".*

Stau	**bouchon, le**	[buʃɔ̃]
Straße	**rue, la**	[ry]
Straßenkarte	**carte routière, la**	[kart ru'tjɛr]
Straßenschild	**panneau, le**	[pa'no]
Süden	**sud, le**	[syd]
Telefonzelle	**cabine téléphonique, la**	[kabin telefo'nik]
Tankstelle	**station-service, la**	[stasjɔ̃ sɛr'vis]
umdrehen	**faire demi-tour**	[fɛr dəmi'tur]
Umweg	**détour, le**	[de'tur]
verkehrt	**mauvais**	[mo'vɛ]
viel befahren	**beaucoup fréquenté**	[boku frekã'te]
wenig befahren	**peu fréquenté**	[pø frekã'te]
Westen	**ouest, l'**	[wɛst]
wo	**où**	[u]
Zentrum	**centre, le**	[sãtr]

Auto

Ich suche eine Autovermietung.	**Je cherche une agence de location de voitures.**	[ʒə ʃerʃ yn aʒɑ̃s də lokasjɔ̃ də vwatyr]
Ich möchte ein Auto mieten.	**Je voudrais louer une voiture.**	[ʒə vudrɛ lwe yn vwatyr]
Wo kann ich den Wagen zurückgeben?	**Où est-ce que je peux rendre la voiture?**	[u ɛskə ʒə pø rɑ̃dr la vwatyr]
Ist es möglich, den Wagen in ... abzugeben?	**Est-ce que je peux rendre la voiture à ...?**	[ɛskə ʒə pø rɑ̃dr la vwatyr a ...]
Wie viele Kilometer sind frei?	**Combien de kilomètres sont inclus dans le prix?**	[kɔ̃bjẽ də kilomɛtr sɔ̃ tɛ̃kly dɑ̃ lə pri]
Wann/Wo kann ich den Wagen abholen?	**Quand/Où est-ce que je peux venir chercher la voiture?**	[kɑ̃/u ɛskə ʒə pø vənir ʃerʃe la vwatyr]
Ist der Wagen vollkaskoversichert?	**La voiture est-elle assurée tout risques?**	[la vwatyr ɛtɛl asyre tu risk]
Wie viel Kaution muss ich bei Ihnen hinterlegen?	**A combien s'élève la caution?**	[a kɔ̃bjẽ selɛv la kosjɔ̃]

Reise & Verkehr

Auto

Ich habe eine Panne.	**Je suis en panne.**	[ʒə sɥi zɑ̃ pan]
Können Sie den Abschleppdienst rufen?	**Pouvez-vous appeler le service de remorquage?**	[puve vu aple lə sɛrvis də rəmɔrkaʒ]
Können Sie mir Benzin geben?	**Pouvez-vous me donner de l'essence?**	[puve vu mə dɔne də lesɑ̃s]
Können Sie den Pannendienst rufen?	**Pouvez-vous appeler le service de dépannage?**	[puve vu aple lə sɛrvis də depanaʒ]
Wissen Sie, wo hier eine Werkstatt ist?	**Savez-vous où il y a un garage ici?**	[save vu u ilia œ̃ garaʒ isi]
Ich habe einen Platten.	**J'ai un pneu crevé.**	[ʒɛ œ̃ pnø krəve]
Der Wagen verliert Öl/Kühlflüssigkeit/Bremsflüssigkeit/Wasser.	**La voiture perd de l'huile/du liquide de refroidissement/du liquide de freins/de l'eau.**	[la vwatyr pɛr de lɥil/dy likid də rəfrwadismɑ̃/dy likid də frɛ̃/də lo]
Die Heizung ist defekt. Sie geht nicht mehr an/aus.	**Le chauffage est défectueux. Il ne s'allume/ne s'éteint plus.**	[lə ʃofaʒ ɛ defɛktyø il nə salym/nə setɛ̃ ply]

Reise & Verkehr

Auto

Können Sie in etwa sagen, was das kosten wird?	**Pouvez-vous me dire combien cela va à peu près coûter?**	[puve vu mə dir kɔ̃bjɛ̃ səla va a pø prɛ kute]
Können Sie mir einen Kostenvoranschlag machen?	**Pouvez-vous me faire un devis?**	[puve vu mə fɛr œ̃ dəvi]
Bitte kontrollieren Sie den Reifendruck/die Bremsflüssigkeit/das Kühlwasser/den Ölstand!	**Contrôlez la pression des pneus/le liquide de freins/ le liquide de refroidissement/ le niveau d'huile, s'il vous plaît!**	[kɔ̃trole la presjɔ̃ de pnø/lə likid də frɛ̃/ lə likid də rəfrwadismã/lə nivo dɥil silvuplɛ]
Bitte wechseln Sie die Zündkerzen/ das Öl!	**Changez les bougies/l'huile, s'il vous plaît.**	[ʃãʒe le buʒi/lɥil silvuplɛ]
Gibt es hier eine Autowaschanlage?	**Y a-t-il une station de lavage ici?**	[iatil yn stasjɔ̃ də lavaʒ isi]
Wo ist die nächste Tankstelle?	**Où se trouve la prochaine station-service?**	[u sə truv la proʃɛn stasjɔ̃ sɛrvis]
Wo kann man hier bleifrei tanken?	**Où peut-on faire le plein d'essence sans plomb ici?**	[u pø tɔ̃ fɛr lə plɛ desɑ̃s sɑ̃ plɔ̃ isi]

Auto

Volltanken, bitte!	**Le plein, s'il vous plaît!**	[lə plɛ̃ silvuplɛ]
Machen Sie bitte den Tank voll/halb voll.	**Remplissez le réservoir complètement/à moitié.**	[rãplise lə rezɛrvwar kɔ̃plɛtmã/a mwatje]
Geben Sie mir 30 Liter Normalbenzin/Super/Diesel!	**Donnez-moi 30 litres d'ordinaire/de super/de diesel.**	[done mwa trãt litr dɔrdinɛr/də sypɛr/də djezɛl]
Wo kann ich meinen Wagen unterstellen?	**Où est-ce que je peux garer ma voiture?**	[u ɛskə ʒə pø gare ma vwatyr]
Wie lange darf man hier parken?	**Combien de temps peut-on rester garé ici?**	[kɔ̃bjɛ̃ də tã pø tɔ̃ reste gare isi]
Kann ich meinen Wagen hier stehen lassen?	**Est-ce que je peux laisser ma voiture ici?**	[ɛskə ʒə pø lese ma vwatyr isi]
Welche Höchstgeschwindigkeit/Geschwindigkeitsbegrenzung gilt hier?	**Quelle est la limitation de vitesse ici?**	[kɛl ɛ la limitasjɔ̃ də vitɛs isi]
Muss man eine Autobahngebühr bezahlen?	**L'autoroute est-elle payante?**	[lotorut ɛtɛl pɛjãt]

Auto

Abblendlicht	**codes, les**	[kɔd]
abschleppen	**remorquer**	[rəmɔr'ke]
Abschleppwagen	**dépanneuse, la**	[depa'nøz]
Ampel	**feu, le**	[fø]
anspringen	**démarrer**	[dema're]
Auto	**voiture, la**	[vwa'tyr]
Autobahn	**autoroute, l'**	[oto'rut]
Autobahngebühr	**péage, le**	[pe'aʒ]
Benzin	**essence, l'**	[e'sɑ̃s]
Beule	**bosse, la**	[bɔs]
Diesel	**diesel, le**	[dje'zɛl]
Fahrspur	**voie, la**	[vwa]
Führerschein	**permis de conduire, le**	[pɛrmi də kɔ̃'dɥir]
Gang	**vitesse, la**	[vi'tɛs]
Kratzer	**égratignure, l'**	[egrati'ɲyr]
Lack	**peinture, la**	[pɛ̃'tyr]
Landstraße	**route nationale, la**	[rut nasjo'nal]
Licht	**lumière, la**	[ly'mjɛr]
Normalbenzin	**essence ordinaire, l'**	[esɑ̃s ɔrdin'ɛr]
Notrufsäule	**borne d'appel d'urgence, la**	[bɔrn dapɛl dyr'ʒɑ̃s]
Oktanzahl	**indice d'octane, l'**	[ɛ̃dis dɔk'tan]
Öl	**huile, l'**	[ɥil]
Panne	**panne, la**	[pan]
Pannendienst	**service de dépannage, le**	[sɛrvis də depa'naʒ]
Papiere	**papiers, les**	[pa'pje]

Reise & Verkehr

Auto

Parkhaus	**parking, le**	[par'kiŋ]
Parkplatz	**place de parking, la**	[plas də par'kiŋ]
Promillegrenze	**taux d'alcoolémie maximal, le**	[to dalkɔlemi maksi'mal]
Radarkontrolle	**contrôle radar, le**	[kɔ̃trol ra'dar]
Rastplatz	**aire de repos, l'**	[ɛr də rə'po]
Reifendruck	**pression des pneus, la**	[prɛsjɔ̃ de pnø]
Schnellstraße	**voie rapide, la**	[vwa rapid]
Stau	**bouchon, le**	[bu'ʃɔ̃]
Superbenzin	**super, le**	[sy'pɛr]
tanken	**faire le plein**	[fɛr lə 'plɛ̃]

INFO

In Frankreich müssen auf den Autobahnen Gebühren entrichtet werden. Ausgenommen werden nur Strecken an den Landesgrenzen sowie kurze Bereiche innerhalb oder um die Großstädte herum.

Tankstelle	**station-service, la**	[stasjɔ̃ sɛr'vis]
Teilkasko	**assurance au tiers, l'**	[asyrɑ̃s o 'tjɛr]
überholen	**doubler**	[du'ble]
Umleitung	**déviation, la**	[devja'sjɔ̃]
Versicherungskarte	**carte d'assurance, la**	[kart dasy'rɑ̃s]
Vollkasko	**tout risque, le**	[tu 'risk]
Wegweiser	**poteau indicateur, le**	[poto ɛ̃dika'tœr]
Werkstatt	**garage, le**	[ga'raʒ]
Zündschlüssel	**clef de contact, la**	[kle də kɔ̃'takt]

Reise & Verkehr

Autoteile

Abschleppseil	**câble de remorquage, le**	[kɑbl də rəmɔr'kaʒ]
Air Bag	**air-bag, l'**	[ɛr 'bag]
Antenne	**antenne, l'**	[ã'tɛn]
Auspuff	**pot d'échappement, le**	[po deʃap'mã]
Außenspiegel	**rétroviseur extérieur, le**	[retrovizœr ekste'rjœr]
Benzinkanister	**jerricane, le**	[ʒeri'kan]
Bremsleuchte	**feux-stop, le**	[fø 'stɔp]
Fernlicht	**plein phare, le**	[plɛ̃ 'far]
Frontscheibe	**pare-brise, le**	[par 'briz]
Handbremse	**frein à main, le**	[frɛ̃ a 'mɛ̃]
Handschuhfach	**boîte à gants, la**	[bwat a 'gã]
Heckscheibe	**lunette arrière, la**	[lynɛt a'rjɛr]
Heckscheibenheizung	**dégivrage de la vitre arrière, le**	[deʒivraʒ də la vitre a'rjɛr]
Heizung	**chauffage, le**	[ʃo'faʒ]
Hupe	**klaxon, le**	[klak'sɔn]
Innenspiegel	**rétroviseur, le**	[retrovi'zœr]
Kilometerzähler	**compteur kilométrique, le**	[kɔ̃tœr kilome'trik]
Kofferraum	**coffre, le**	[kɔfr]
Kolben	**piston, le**	[pistɔ̃]
Kreuzschlüssel	**clef en croix, la**	[kle ã 'krwa]
Lampe	**lampe, la**	[lãp]
Lenkrad	**volant, le**	[vo'lã]
Motor	**moteur, le**	[mo'tœr]
Motorhaube	**capot, le**	[ka'po]
Radio	**radio, la**	[ra'djo]

Reise & Verkehr

Autoteile

Reifen	pneu, le	[pnø]
Rücksitze	banquette arrière, la	[bãkɛt a'rjɛr]
Sanitätskasten	trousse de secours, la	[trus də səkur]
Scheibenwischer	essuie-glace, l'	[esɥi 'glas]
Schiebedach	toit ouvrant, le	[twa u'vrã]
Schlauch	chambre à air, la	[ʃãmbr a 'ɛr]
Schloss	cadenas, le	[kad'na]
Schmutzmatte	tapis, le	[tapi]
Sicherheitsgurt	ceinture de sécurité, la	[sɛ̃tyr də sekyri'te]
Sicherung	fusible, le	[fy'zibl]
Sitz	siège, le	[sjɛʒ]
Standlicht	feux de position, les	[fø də pozi'sjɔ̃]
Stoßstange	pare-chocs, le	[par 'ʃɔk]
Tachometer	compteur, le	[kɔ̃'tœr]
Tank	réservoir, le	[rezɛr'vwar]
Ventil	soupape, la	[su'pap]
Vordersitz	siège avant, le	[sjɛʒ a'vã]
Wagenheber	cric, le	[krik]
Warnblinker	feux de détresse, les	[fø də de'trɛs]
Warnleuchte	lampe de détresse, la	[lãp də de'trɛs]
Warndreieck	triangle de signalisation, le	[trijãgle də siɲaliza'sjɔ̃]
Winterreifen	pneu d'hiver, le	[pnø div'ɛr]
Zündkerze	bougies, les	[bu'ʒi]

Bahn

Wann fährt der nächste Zug nach …?	**A quelle heure part le prochain train en direction de …?**	[a kɛl œr par lə prɔʃɛ̃ trɛ̃ ɑ̃ dirɛksjɔ̃ də …]
Auf welchem Bahnsteig fährt der Zug nach … ab?	**Sur quel quai part le train en direction de …?**	[syr kɛl ke par lə trɛ̃ ɑ̃ dirɛksjɔ̃ də …]
Eine einfache Fahrt erster/zweiter Klasse bitte.	**Un aller simple en première/deuxième classe, s'il vous plaît.**	[œ̃ nale sɛ̃pl ɑ̃ prəmjɛr/dəzjɛm klas silvuplɛ]
Eine Hin- und Rückfahrt nach … bitte.	**Un aller-retour pour …, s'il vous plaît.**	[œ̃ nale rətur pur … silvuplɛ]
Wie teuer ist die Fahrkarte?	**Combien coûte le billet?**	[kɔ̃bjɛ̃ kut lə bijɛ]
Gibt es einen Speise-/Schlafwagen?	**Y a-t-il un wagon-restaurant/wagon-lit?**	[iatil œ̃ vagɔ̃ rɛstorɑ̃/vagɔ̃ li]
Gibt es Ermäßigung für Schüler/Studenten/Familien/Rentner?	**Est-ce qu'il y a une réduction pour les écoliers/étudiants/familles nombreuses/retraités?**	[ɛskilia yn redyksjɔ̃ pur le zekolje/etydjɑ̃/famij nɔ̃brøz/rətrete]

Reise & Verkehr

Bahn

Muss ich einen Zuschlag bezahlen?	**Dois-je payer un supplément?**	[dwaʒ peje œ̃ syplemɑ̃]
Können Sie mir eine Fahrplanauskunft geben?	**Pouvez-vous me renseigner sur les horaires?**	[puve vu mə rɑ̃səɲe syr le zorɛr]
Wann kommen wir in … an?	**A quelle heure arriverons-nous à …?**	[a kɛl œr arivərɔ̃ nu a …]
Mein Zug hat Verspätung.	**Mon train est en retard.**	[mɔ̃ trɛ̃ ɛ tɑ̃ rətar]
Erreiche ich noch den Anschlusszug in …?	**Aurais-je le temps de prendre la correspondance à …?**	[orɛʒ lə tɑ̃ də prɑ̃dr la korɛspɔ̃dɑ̃s a …]
Kann ich einen Platz reservieren lassen?	**Est-ce que je peux réserver une place?**	[ɛskə ʒə pø resɛrve yn plas]
Entschuldigen Sie, aber dieser Platz ist leider schon besetzt.	**Excusez-moi, cette place est malheureusement déjà occupée.**	[ɛkskyze mwa sɛt plas ɛ malørøzmɑ̃ deʒa okype]
Wo muss ich/müssen wir umsteigen?	**Où dois-je/devons-nous changer de train?**	[u dwaʒ/dəvɔ̃ nu ʃɑ̃ʒe də trɛ̃]

Reise & Verkehr

Bahn

Abfahrt	**départ, le**	[de'par]
Abfahrtszeit	**heure de départ, l'**	[œr də de'par]
Abteil	**compartiment, le**	[kɔ̃parti'mã]

INFO

Die nationale französische Eisenbahngesellschaft S.N.C.F. (Société Nationale des Chemins de Fer Français) verfügt über ein sehr dichtes Verkehrsnetz mit Expresszügen und den Hochgeschwindigkeitszügen TGV (Train à Grande Vitesse). Ihre Fahrkarte müssen Sie vor Reisebeginn selbst entwerten. Entsprechende Automaten finden Sie am Bahnsteig.

ankommen	**arriver**	[ari've]
aussteigen	**descendre**	[de'sɑ̃dr]
Bahnhof	**gare, la**	[gar]
besetzt	**occupé**	[oky'pe]
D-Zug	**rapide, le**	[ra'pid]
Eilzug	**express, l'**	[ɛks'prɛs]
einsteigen	**monter**	[mɔ̃'te]
Ermäßigung	**réduction, la**	[redyk'sjɔ̃]
Fahrkarte	**billet, le**	[bi'jɛ]
Fahrkartenschalter	**billetterie, la**	[bijɛ'tri]
Fahrplan	**horaire, l'**	[o'rɛr]
Fahrpreis	**prix du voyage, le**	[pri dy vwa'jaʒ]
frei	**libre**	[libr]
Gepäck	**bagage, le**	[ba'gaʒ]
Gepäckablage	**porte-bagages, le**	[pɔrt ba'gaʒ]

Reise & Verkehr

Bahn

Gepäckaufbewahrung	consigne, la	[kɔ̃siɲ]
Gepäckträger	porteur, le	[pɔrtœr]
Gleis	voie, la	[vwa]
Hauptbahnhof	gare centrale, la	[gar sɑ̃'tral]
Kofferkuli	chariot à bagages, le	[ʃarjo a ba'gaʒ]
Kinderfahrkarte	billet enfant, le	[bijɛ ɑ̃'fɑ̃]
Liegewagen	voiture-couchettes, la	[vwatyr ku'ʃɛt]
Lokomotive	locomotive, la	[lɔkɔmɔ'tiv]
Nichtraucherabteil	compartiment non-fumeur, le	[kɔ̃partimɑ̃ nɔ̃ fy'mœr]
Notbremse	signal d'alarme, le	[siɲal da'larm]
Platzkarte	réservation, la	[rezɛrva'sjɔ̃]
Raucherabteil	compartiment fumeur, le	[kɔ̃partimɑ̃ fy'mœr]
Reservierung	réservation, la	[rezɛrva'sjɔ̃]
Rückfahrkarte	billet de retour, le	[bijɛ də rə'tur]
Schlafwagen	wagon-lit, le	[vagɔ̃ 'li]
Schnellzug	train rapide, le	[trɛ̃ ra'pid]
Speisewagen	wagon-restaurant, le	[vagɔ̃ rɛstɔ'rɑ̃]
Wagennummer	numéro de voiture, le	[nymero də vwa'tyr]
Wartesaal	salle d'attente, la	[sal da'tɑ̃t]
Waschraum	lavabos, les	[lava'bo]
Zug	train, le	[trɛ̃]
Zuschlag	supplément, le	[syple'mɑ̃]

Reise & Verkehr

Flugzeug

Bitte für Montag einen Flug nach ...!	**Un billet d'avion à destination de ... pour lundi, s'il vous plaît.**	[œ̃ bijɛ davjɔ̃ a destinasjɔ̃ də ... pur lœ̃di silvuplɛ]
Einen Hin- und Rückflug nach ... bitte.	**Un billet d'avion aller-retour à destination de ..., s'il vous plaît.**	[œ̃ bijɛ davjɔ̃ ale rətur a destinasjɔ̃ də ... silvuplɛ]
Einen Linienflug/ einen Charterflug bitte.	**Un vol régulier/un vol charter, s'il vous plaît.**	[œ̃ vɔl regylje/œ̃ vɔl ʃartɛr silvuplɛ]
Ich möchte diesen Flug bitte umbuchen/stornieren.	**Je désire changer/ annuler ce vol, s'il vous plaît.**	[ʒə dezir ʃɑ̃ʒe/anyle sə vɔl silvuplɛ]
Wann muss ich am Flughafen sein?	**A quelle heure dois-je être à l'aéroport?**	[a kɛl œr dwaʒ ɛtr a laerɔpɔr]
Wie viel Handgepäck darf ich mitnehmen?	**Combien de bagages à main est-ce que je peux transporter?**	[kɔ̃bjɛ̃ də bagaʒ a mɛ̃ ɛskə ʒə pø trɑ̃spɔrte]
Wann geht der Anschlussflug?	**A quelle heure est la correspondance?**	[a kɛl œr ɛ la kɔrɛspɔ̃dɑ̃s]
Wo befindet sich der Notausstieg?	**Où est la sortie de secours?**	[u ɛ la sɔrti də səkur]

Reise & Verkehr

Flugzeug

Gibt es eine Flugverbindung nach ...?	**Y a-t-il une correspondance pour ...?**	[iatil yn kɔrɛspɔ̃dɑ̃s pur ...]
Gibt es eine Zwischenlandung?	**L'avion fait-il escale?**	[lavjɔ̃ fɛtil ɛskal]
Gibt es einen Bus/eine U-Bahn/ eine S-Bahn zum Flughafen?	**Y a-t-il un bus/métro/R.E.R pour aller à l'aéroport?**	[iatil œ̃ bys/metro/ r ə r pour ale a laerɔpɔr]
Ist der Flug aus ... schon gelandet?	**L'avion en provenance de ... a-t-il déjà aterri?**	[lavjɔ̃ ɑ̃ prɔvənɑ̃s də ... atil deʒa ateri]
Ist der Flug nach ... schon aufgerufen worden?	**Les passagers du vol ... ont-ils déjà été appelés?**	[le pasaʒe dy vɔl ... ɔ̃til deʒa ete apəle]
Können Sie mir sagen, wo Flugsteig Nr. ... ist?	**Pouvez-vous me dire où se trouve la porte d'embarquement numéro ...?**	[puve vu mə dir u sə truv la pɔrt dɑ̃barkəmɑ̃ nymero ...]
Ich möchte diesen Koffer als Gepäck aufgeben.	**Je voudrais faire enregistrer cette valise.**	[ʒə vudrɛ fɛr ɑ̃rəʒistre sɛt valiz]
Möchten Sie Ihr Gepäck versichern?	**Désirez-vous assurer vos bagages?**	[dezire vu asyre vo bagaʒ]

Reise & Verkehr

Flugzeug

Mein Gepäck ist leider beschädigt worden.	**Mes bagages ont malheureusement été endommagés.**	[me bagaʒ ɔ̃ malørøzmã ete ãdomaʒe]
An wen kann ich mich wenden?	**A qui est-ce que je peux m'adresser?**	[a ki ɛskə ʒə pø madrese]
Ich vermisse mein Gepäck!	**J'ai perdu mes bagages!**	[ʒɛ pɛrdy me bagaʒ]
Bringen Sie mir bitte etwas zu trinken?	**Apportez-moi quelque chose à boire, s'il vous plaît.**	[apɔrte mwa kɛlkəʃoz a bwar silvuplɛ]
Haben Sie ein Mittel gegen Luftkrankheit?	**Avez-vous un médicament contre le mal de l'air?**	[ave vu œ̃ medikamã kɔ̃tr lə mal də lɛr]
Ich fühle mich im Moment nicht gut.	**Je ne me sens pas bien en ce moment.**	[ʒə nə mə sã pa bjɛ̃ ã sə mɔmã]
Die Maschine hat leider Verspätung.	**L'avion est malheureusement en retard.**	[lavjɔ̃ ɛ malørøzmã ã rətar]
Der Flug fällt leider aus/wurde auf ... Uhr verschoben.	**Le vol a malheureusement été annulé/a été remis à ... heures.**	[lə vɔl a malørøzmã ete anyle/a ete rəmi a ... œr]

Reise & Verkehr

Flugzeug

Abflug	**départ, le**	[de'par]
Ankunft	**arrivée, l'**	[ari've]
Anschluss	**correspondance, la**	[kɔrɛspɔ̃'dɑ̃s]
anschnallen	**attacher**	[ata'ʃe]
Auslandsflug	**vol international, le**	[vɔl ɛ̃tɛrnasjɔ'nal]
Bord (an)	**à bord**	[a 'bɔr]
Bordkarte	**carte d'embarquement, la**	[kart dɑ̃barkə'mɑ̃]
buchen	**réserver**	[rezɛr've]
Direktflug	**vol direct, le**	[vɔl di'rɛkt]
Economyclass	**deuxième classe, la**	[døzjɛm klas]

einchecken	**enregister**	[ɑ̃rəʒis'tre]
Flug	**vol, le**	[vɔl]
Fluggesellschaft	**compagnie aérienne, la**	[kɔ̃paɲi ae'rjɛn]
Flughafen	**aéroport, l'**	[aerɔ'pɔr]
Flugschein	**brevet de pilote, le**	[brəvɛ də pi'lɔt]
Flugzeug	**avion, l'**	[avjɔ̃]
Gepäck	**bagages, les**	[ba'gaʒ]
Gepäckausgabe	**remise des bagages, la**	[rəmiz de ba'gaʒ]
Handgepäck	**bagage à main, le**	[bagaʒ a 'mɛ̃]

Inlandsflug	**vol national, le**	[vɔl nasjo'nal]
Koffer	**valise, la**	[va'liz]
Kofferkuli	**chariot à bagages, le**	[ʃarjo a ba'gaʒ]

Reise & Verkehr

Flugzeug

Landung	**atterrissage, l'**	[ateri'saʒ]
Luftsicherheit	**sécurité aérienne, la**	[sekyrite ae'rjɛn]
Nichtraucher	**non-fumeur, le**	[nɔ̃ fy'mœr]
Notausgang	**sortie de secours, la**	[sɔrti də sə'kur]
Notlandung	**atterrissage forcé, l'**	[aterisaʒ fɔr'se]
Passagier(in)	**passager, le/ -ère, la**	[pasa'ʒe/ʒɛr]

INFO

Die Luftrouten sind in Frankreich der schnellste Transportweg, da ein Inlandsflug durchschnittlich eine Stunde dauert. Die Flughäfen liegen zumeist außerhalb, sind aber über den Pendelverkehr sehr gut an die Stadtzentren angebunden. Die meisten Fluggesellschaften bieten auf ihren Inlandsflügen Spezialtarife für junge Leute, Paare und Familien an.

Pilot(in)	**pilote, le**	[pi'lɔt]
Raucher	**fumeur, le**	[fy'mœr]
Schwimmweste	**gilet de sauvetage, le**	[ʒilɛ də sov'taʒ]
Sicherheits- kontrolle	**contrôle de sécurité, le**	[kɔ̃trol də sekyri'te]
Steward/ess	**steward, le/ hôtesse, la**	[sti'wart/o'tɛs]
stornieren	**annuler**	[any'le]
Terminal	**terminal, le**	[tɛrmi'nal]
umbuchen	**changer**	[ʃɑ̃'ʒe]
zollfreier Verkauf	**duty free, le**	[djuti 'fri]

Reise & Verkehr

Nahverkehr

Wo bitte ist die nächste Bus-/Tram-/S-Bahn-/U-Bahnhaltestelle?	Où est l'arrêt de bus/tram/R.E.R/métro le plus proche?	[u ɛ larɛ də bys/tram/r ə r/metro lə ply prɔʃ]
Wo kann ich den Fahrschein kaufen?	Où est-ce que je peux acheter un ticket?	[u ɛskə ʒə pø aʃte œ̃ tikɛ]
Bitte einen Fahrschein nach ...	Un ticket pour ..., s'il vous plaît.	[œ̃ tikɛ pur ... silvuplɛ]
Welche Linie fährt nach ...?	Quelle ligne faut-il prendre pour aller à ...?	[kɛl liɲ fotil prɑ̃dr pur ale a ...]
Wann/Wo fährt der Bus ab?	A quelle heure/D'où part le bus?	[a kɛl œr/du par lə bys]
Wann/Wo fährt die erste/letzte U-Bahn nach ...?	A quelle heure/D'où part le premier/dernier métro en direction de ...?	[a kɛl œr/du par lə prəmjɛ/dɛrnjɛ metro ɑ̃ dirɛksjɔ̃ də ...]
Entschuldigen Sie, wo finde ich das Gleis ...?	Excusez-moi, où est le quai ...?	[ekskyze mwa u ɛ lə ke ...]
Haben ich die Haltestelle ... verpasst?	Est-ce que j'ai manqué l'arrêt ...?	[ɛskə ʒɛ mɑ̃ke larɛ ...]

Reise & Verkehr

Nahverkehr

Abfahrt	départ, le	[de'par]
Ankunft	arrivée, l'	[ari've]
aussteigen	descendre	[de'sãdr]
Bahnsteig	quai, le	[ke]
behindertengerecht	adapté aux personnes handicapées	[adapte o pɛrsɔn ãdika'pe]
Bus	bus, le	[bys]
Busfahrer/in	chauffeur de bus, le	[ʃofœr də 'bys]
Bushaltestelle	arrêt de bus, l'	[arɛ də 'bys]
Buslinie	ligne de bus, la	[liɲ də 'bys]
einsteigen	monter	[mɔ̃'te]
Endstation	terminus, le	[tɛrmi'nys]
Fahrgast	passager, le	[pasa'ʒe]
Fahrkarte	billet, le	[bijɛ]
Fahrkartenautomat	distributeur de tickets, le	[distribytœr də tikɛ]
Fahrkartenkontrolleur	contrôleur, le	[kɔ̃trɔ'lœr]
Fahrplan	horaire, l'	[or'ɛr]
Fahrpreis	prix, le	[pri]
Fahrschein	ticket, le	[tikɛ]
Familienkarte	carte familliale, la	[kart fami'ljal]
Haltegriff	poignée, la	[pwa'ɲe]
halten	tenir	[tə'nir]
Haltestelle	arrêt, l'	[ar'ɛ]
Knopf drücken	arrêt demandé, l'	[arɛ dəmã'de]
Kurzstrecke	courte distance, la	[kurt dis'tãs]
Nachtbus	bus de nuit, le	[bys də nɥi]

Reise & Verkehr

Nahverkehr

Pauschalpreis	tarif forfaitaire, le	[tarif fɔrfɛ'ter]
Richtung	direction, la	[dirɛk'sjɔ̃]
S-Bahn	R.E.R, le	[r ə r]
S-Bahnstation	station de R.E.R, la	[stasjɔ̃ de r ə r]
Straßenbahn	tramway, le	[tram'wɛ]
Tageskarte	ticket journalier, le	[tikɛ ʒurna'lje]
Tarifzone	zone, la	[zon]
Taxi	taxi, le	[tak'si]

INFO

Alle Taxis in Frankreich sind mit einem Zähler ausgestattet, der den Fahrpreis nach einem der drei gültigen Tarife (Paris/Vorstadt/Nachtfahrt) berechnet. Die Tarife müssen im Wagen angezeigt sein. Wenn ein Taxi von einer Rufsäule oder über eine Funkzentrale angefordert wird, kommt noch der Preis für die Anfahrt hinzu.

Taxifahrer	chauffeur de taxi, le	[ʃofœr də tak'si]
Taxistand	station de taxi, la	[stasjɔ̃ də tak'si]
U-Bahn	métro, le	[me'tro]
U-Bahnstation	station de métro, la	[stasjɔ̃ də me'tro]
Überlandbus	ligne régionale, la	[liɲ reʒjɔ'nal]
umsteigen	changer	[ʃɑ̃'ʒe]
Wochenkarte	carte hebdomadaire, la	[kart ɛbdɔma'dɛr]

Übernachten & Wohnen

Hotel

Können Sie mir ein Hotel empfehlen?	**Pouvez-vous me recommander un hôtel?**	[puve vu mə rəkɔmɑ̃de œ̃ notɛl]
Es soll komfortabel/preisgünstig/zentral gelegen/in Strandnähe sein.	**Il faut qu'il soit comfortable/bon marché/dans le centre/près de la plage.**	[il fo kil swa kɔ̃fɔrtable/bɔ̃ marʃe/dɑ̃ lə sɑ̃tr/prɛ də la plaʒ]
Hat das Hotel einen eigenen Pool/Zugang zum Strand?	**L'hôtel a-t-il une piscine/accès à la plage?**	[lotɛl atil yn pisin/aksɛ a la plaʒ]
Wo ist das Hotel …?	**Où est l'hôtel …?**	[u ɛ lotɛl …]
Haben Sie vielleicht noch ein Zimmer frei?	**Avez-vous encore une chambre de libre?**	[ave vu ɑ̃kɔr yn ʃɑ̃br də libr]
Für eine Nacht/2 Tage/eine Woche.	**Pour une nuit/deux jours/une semaine.**	[pur yn nɥi/dø ʒur/yn səmɛn]
Wie viel kostet das Zimmer pro Tag/pro Woche mit Frühstück/Halbpension/Vollpension?	**Combien coûte la chambre par jour/par semaine avec petit déjeuner/en demi-pension/en pension complète.**	[kɔ̃bjɛ̃ kut la ʃɑ̃br par ʒur/par səmɛn avɛk pəti deʒœne/ɑ̃ dəmi pɑ̃sjɔ̃/ɑ̃ pɑ̃sjɔ̃ kɔ̃plɛt]

Übernachten & Wohnen

Hotel

Ich hätte gerne ein Einzelzimmer/ Doppelzimmer (mit Dusche und WC).	**Je voudrais une chambre simple/ double (avec douche et WC).**	[ʒə vudrɛ yn ʃɑ̃br sɛ̃pl/dubl (avɛk duʃ e vese)]
Ich habe bei Ihnen ein Zimmer auf den Namen … reservieren lassen.	**J'ai réservé une chambre au nom de …**	[ʒɛ rezɛrve yn ʃɑ̃br o nɔ̃ də …]
Bitte lassen Sie mein Gepäck auf mein Zimmer bringen.	**Faites monter mes bagages, s'il vous plaît.**	[fɛt mɔ̃te me bagaʒ silvuplɛ]
Wo kann ich meine Wertsachen aufbewahren lassen?	**Où puis-je faire garder mes affaires de valeur?**	[u pɥiʒ fɛr garde me zafɛr də valœr]
Bitte den Schlüssel für Zimmer Nr. …	**La clef de la chambre …, s'il vous plaît.**	[la kle də la ʃɑ̃br … silvuplɛ]
Bitte wecken Sie mich morgen früh um … Uhr.	**Réveillez-moi demain matin à … heures, s'il vous plaît.**	[reveje mwa dəmɛ̃ matɛ̃ a … œr silvuplɛ]
Wann sind die Essenszeiten?	**A quelle heure servez-vous les repas?**	[a kɛl œr sɛrve vu le rəpa]

Übernachten & Wohnen

Hotel

Wo kann man frühstücken?	**Où peut-on prendre le petit déjeuner?**	[u pø tɔ̃ prɑ̃dr lə pəti deʒœne]
Bringen Sie mir das Frühstück bitte auf mein Zimmer.	**Veuillez me servir le petit déjeuner dans la chambre, s'il vous plaît.**	[vœje mə sɛrvir lə pəti deʒœne dɑ̃ la ʃɑ̃br silvuplɛ]
Würden Sie mir bitte ... bringen?	**Pourriez-vous m'apporter ..., s'il vous plaît?**	[purje vu mapɔrte ... silvuplɛ]
Ich bin sehr zufrieden.	**Je suis très satisfait.**	[ʒə sɥi trɛ satisfɛ]
Das Zimmer gefällt mir (uns).	**La chambre me/nous plaît.**	[la ʃɑ̃brə mə/nu plɛ]
Das Essen ist hervorragend.	**La nourriture est excellente.**	[la nurityr ɛ tɛksɛlɑ̃t]
Das Personal war sehr zuvorkommend.	**Le personnel était très aimable.**	[lə pɛrsɔnɛl etɛ trɛ zɛmabl]
Ich habe eine Reklamation.	**J'ai une réclamation.**	[ʒɛ yn reklamasjɔ̃]
Ich bin mit dem Service unzufrieden.	**Je ne suis pas satisfait du service.**	[ʒə nə sɥi pa satisfɛ dy sɛrvis]

Übernachten & Wohnen

Hotel

Ich habe kein (warmes) Wasser.	**Je n'ai pas d'eau (chaude).**	[ʒə nɛ pa do (ʃod)]
Das Zimmer wurde nicht gereinigt.	**La chambre n'a pas été nétoyée.**	[la ʃãbr na pa zete netwaje]
Die Dusche/ das Licht/ die Heizung/ die Klimaanlage funktioniert nicht.	**La douche/ la lumière/ le chauffage/ la climatisation ne fonctionne pas.**	[la duʃ/la lymjɛr/ lə ʃofaʒ/ la klimatizasjɔ̃ nə fɔ̃ksjɔn pa]
Die Matratze ist sehr unbequem.	**Le matelas est très incomfortable.**	[lə matla ɛ trɛ zɛ̃kɔ̃fortabl]
Das Waschbecken/ die Toilette ist verstopft.	**Le lavabo est/les toilettes sont bouché/es.**	[lə lavabo ɛ/le twalɛt sɔ̃ buʃe]
Das Essen ist leider sehr ungenießbar.	**Malheureusement, la nourriture n'est vraiment pas bonne.**	[malørøzmã la nurityr nɛ vrɛmã pa bɔn]
Machen Sie bitte die Rechnung für mich fertig.	**Veuillez préparer ma facture, s'il vous plaît.**	[vœje prepare ma faktyr silvuplɛ]
Kann ich mit Kreditkarte bezahlen?	**Est-ce que je peux payer avec ma carte de crédit?**	[ɛskə zə pø peje avɛk ma kart də kredi]

Übernachten & Wohnen

Hotel

Deutsch	Französisch	Aussprache
Abendessen	dîner, le	[di'ne]
Abreise	départ, le	[de'par]
Ankunft	arrivée, l'	[ari've]
Anmeldung	inscription, l'	[ɛ̃skrip'sjɔ̃]
Anzahlung	acompte, l'	[a'kɔ̃t]
Ausgang	sortie, la	[sɔr'ti]
Badezimmer	salle de bain, la	[sal də 'bɛ̃]
Balkon	balcon, le	[balkɔ̃]
Beanstandung	réclamation, la	[reklama'sjɔ̃]
Bedienung	serveuse, la	[sɛr'vøz]
Bett	lit, le	[li]
Bettdecke	couverture, la	[kuvɛr'tyr]
Bettwäsche	draps, les	[dra]
Dusche	douche, la	[duʃ]
Eingang	entrée, l'	[ɑ̃'tre]
einziehen	emménager	[ɑ̃mena'ʒe]
Empfangschef	chef de réception, le	[ʃef də resɛp'sjɔ̃]
Etage	étage, l'	[e'taʒ]
Fahrstuhl	ascenceur, l'	[asɑ̃'sœr]
Fenster	fenêtre, la	[fə'nɛtr]
Fitnessraum	salle de sport, la	[sal də 'spɔr]
Frühstück	petit déjeuner, le	[pəti deʒœ'ne]
Frühstücks-raum	salle de petit déjeuner, la	[sal də pəti deʒœ'ne]
Halbpension	demi-pension, la	[dəmi pɑ̃'sjɔ̃]
Handtuch	serviette, la	[sɛr'vjɛt]
Heizung	chauffage, le	[ʃo'faʒ]
Hotel	hôtel, l'	[otɛl]
Hotelhalle	hall d'hôtel, le	[ol do'tɛl]
Hotelrestaurant	hôtel-restaurant, l'	[otɛl rɛsto'rɑ̃]

Übernachten & Wohnen

Hotel

> **INFO**
>
> Das Hotelangebot in Frankreich ist sehr vielfältig.
> Hotels werden in Frankreich in fünf anerkannte Kategorien eingeteilt: von 1*(einfaches Hotel) bis ****L
> (Hotel mit exzellentem Komfort, Palasthotel).
> Die Preise verstehen sich inklusive Mehrwertsteuer
> und müssen vor dem Hotel sowie in jedem Hotelzimmer aushängen. Das Frühstück ist nicht unbedingt im Zimmerpreis inbegriffen.

Deutsch	Französisch	Aussprache
Kategorie	**catégorie, la**	[katego'ri]
Kleiderbügel	**cintre, le**	[sɛ̃tr]
Klimaanlage	**climatisation, la**	[klimatiza'sjɔ̃]
Korridor	**couloir, le**	[kul'war]
Lampe	**lampe, la**	[lɑ̃p]
Liegestuhl	**chaise-longue, la**	[ʃɛz 'lɔ̃g]
Liegewiese	**pelouse, la**	[pə'luz]
Lüftung	**aération, l'**	[aera'sjɔ̃]
Mittagessen	**déjeuner, le**	[deʒœ'ne]
Pförtner	**concierge, le**	[kɔ̃'sjɛrʒ]
Preis	**prix, le**	[pri]
Privatstrand	**plage privée, la**	[plaʒ pri've]
Rechnung	**facture, la**	[fak'tyr]
Reiseleiter	**guide, le**	[gid]
Rezeption	**réception, la**	[resep'sjɔ̃]
Saison	**saison, la**	[sɛ'zɔ̃]
Sauna	**sauna, le**	[so'na]
Schlüssel	**clef, la**	[kle]
Schrank	**placard, le**	[pla'kar]
Sessel	**fauteuil, le**	[fo'tœj]
Sonnenschirm	**parasol, le**	[para'sɔl]
Speisesaal	**salle à manger, la**	[sal a mɑ̃'ʒe]

Übernachten & Wohnen

Hotel

Deutsch	Französisch	Aussprache
Spiegel	mirroir, le	[mir'war]
Spielplatz	terrain de jeux, le	[terɛ̃ də 'ʒø]
Steckdose	prise, la	[priz]
Stecker	fiche, la	[fiʃ]
Stuhl	chaise, la	[ʃɛz]
Swimmingpool	piscine, la	[pi'sin]
Telefon	téléphone, le	[telefɔn]
Teppich	tapis, le	[ta'pi]
Terrasse	terrasse, la	[te'ras]
Tisch	table, la	[tabl]
Toilette	toilette, la	[twa'lɛt]
Treppe	escalier, l'	[eska'lje]
Tür	porte, la	[pɔrt]
Türschloss	serrure, la	[se'ryr]
Übernachtung	nuité, la	[nɥi'te]
Unterkunft	hébergement, l'	[ebɛrʒə'mɑ̃]
Ventilator	ventilateur, le	[vɑ̃tila'tœr]
Verlängerungsschnur	rallonge, le	[ra'lɔ̃ʒ]
Verlängerungswoche	semaine supplémentaire, la	[səmɛn syplemɑ̃'tɛr]
vermieten	louer	[lwe]
Vollpension	pension complète, la	[pɑ̃sjɔ̃ kɔ̃'plɛt]
Wand	mur, le	[myr]
Waschbecken	lavabo, le	[lava'bo]
Wasserhahn	robinet, le	[rɔbi'nɛ]
Zimmer	chambre, la	[ʃɑ̃br]
Zimmermädchen	femme de chambre, la	[fam də 'ʃɑ̃br]
Zwischenstecker	adaptateur, l'	[adapta'tœr]

Übernachten & Wohnen

Info für den Gast

Das Abendessen ist von ... bis ...	**Le dîner est servi entre ... et ... heures.**	[lə dine ɛ sɛrvi ãtr ... e ... œr]
Bitte legen Sie benutzte Badetücher auf den Boden.	**Mettez les serviettes usagées par terre.**	[mete le sɛrvjɛt zyzaʒe par tɛr]
Das Mittagessen reichen wir um 13 Uhr.	**Le déjeuner est servi à 13 heures.**	[lə deʒœne ɛ sɛrvi a trɛz œr]
Unseren Weckruf können Sie an der Rezeption bestellen.	**Adressez-vous à la réception si vous désirez vous faire réveiller.**	[adrese vu a la resɛpsjɔ̃ si vu dezire vu fɛr reveje]
Den Zimmerschlüssel geben Sie beim Verlassen des Hotels bitte immer an der Rezeption ab.	**Laissez votre clef toujours à la reception lorsque vous quittez l'hôtel.**	[lese vɔtr kle tuʒur a la resɛpsjɔ̃ lɔrskə vu kite lotɛl]
Der Notausgang befindet sich an jedem Ende des Flures.	**Une issue de secours se trouve de chaque côté du couloir.**	[yn isy də səkur sə truve də ʃak kote dy kulwar]

Übernachten & Wohnen

Campingplatz

Deutsch	Französisch	Aussprache
Gibt es in der Nähe einen Campingplatz?	Y a-t-il un terrain de camping près d'ici?	[iatil œ̃ terɛ̃ də kɑ̃piŋ pre disi]
Vermieten Sie auch Wohnwagen?	Louez-vous aussi des caravanes?	[lue vu osi de karavan]
Haben Sie noch Platz für ein Zelt/einen Wohnwagen/ein Wohnmobil?	Avez-vous encore de la place pour une tente/une caravane/un camping-car?	[ave vu ɑ̃kɔr də la plas pur yn tɑ̃t/yn karavan/œ̃ kɑ̃piŋkar]
Können wir hier zelten?	Peut-on camper ici?	[pø tɔ̃ kɑ̃pe isi]
Können wir einen Platz im Schatten erhalten?	Peut-on avoir une place à l'ombre?	[pø tɔ̃ avwar yn plas a lɔ̃br]
Wie hoch ist die Gebühr für ein Auto/einen Wohnwagen/ein Wohnmobil/ein Zelt?	Combien est-ce que cela coûte pour une voiture/une caravane/un camping-car/une tente?	[kɔ̃bjɛ̃ ɛskə səla kut pur yn vwatyr/yn karavan/œ̃ kɑ̃piŋkar/yn tɑ̃t]
Wie hoch ist die Gebühr pro Übernachtung und Kopf?	Combien est-ce que cela coûte par nuit et par personne?	[kɔ̃bjɛ̃ ɛskə səla kut par nɥi e par pɛrsɔn]

Übernachten & Wohnen

Campingplatz

Kosten die Duschen bei Ihnen extra?	**Les douches sont-elles payantes ici?**	[le duʃ sɔ̃ tɛl pejɑ̃t isi]
Welche Öffnungszeiten hat die Campingplatz-Verwaltung?	**Quels sont les horaires d'ouverture de la réception?**	[kɛl sɔ̃ le zorɛr duvertyr də la resɛpsjɔ̃]
Ich bleibe ... Tage/Wochen.	**Je reste ... jours/semaines.**	[ʒə rɛst ... ʒur/səmɛn]
Kann ich hier Gasflaschen ausleihen/tauschen?	**Est-ce que je peux louer/échanger une bonbonne de gaz ici?**	[ɛskə ʒə pø lwe/eʃɑ̃ʒe yn bɔ̃bɔn də gaz isi]
Können Sie mir einen Hammer leihen?	**Pouvez-vous me prêter un marteau?**	[puve vu mə prete ɛ̃ marto]
Kann man hier zufällig ...?	**Peut-on par hasard ... ici?**	[pœ tɔ̃ par azar ... isi]
Gibt es hier einen Stromanschluss?	**Est-ce-qu'il y a le courant ici?**	[ɛskilia lə kurɑ̃ isi]
Haben Sie 220 oder 110 Volt?	**Avez-vous du 220 ou du 110 Volt?**	[ave vu dy dø sɑ̃ vɛ̃ u dy sɑ̃ di vɔlt]
Haben Sie Butangas?	**Avez-vous du butane?**	[ave vu dy bytan]

Übernachten & Wohnen

 Campingplatz

Gibt es in der Nähe ein Lebensmittelgeschäft?	**Y a-t-il une épicerie près d'ici?**	[iatil yn episri prɛ disi]
Gibt es hier einen Kinderspielplatz?	**Y a-t-il une aire de jeux pour enfants?**	[iatil yn ɛr də ʒø pur ɑ̃fɑ̃]
Wird der Platz nachts bewacht?	**Le camping est-il surveillé pendant la nuit?**	[lə kɑ̃piŋ e til syrvɛje pɑ̃dɑ̃ la nɥi]
Wo finde ich die Mülltonnen/Toiletten/Waschräume?	**Où sont les poubelles/toilettes/sanitaires?**	[u sɔ̃ le pubɛl/twalɛt/sanitɛr]
Wo kann ich hier das Chemieklo entsorgen?	**Où est-ce que je peux vider les toilettes chimiques?**	[u ɛskə ʒə pø vide le twalɛt ʃimik]
Wo kann ich Zeltzubehör kaufen/ausleihen?	**Où est-ce que je peux acheter/louer des accessoires de tente?**	[u ɛskə ʒə pø aʃte/lwe de zaksɛswar də tɑ̃t]
Wo kann man ...?	**Où peut-on ...?**	[u pø tɔ̃ ...]
Wo sind die Duschen?	**Où sont les douches?**	[u sɔ̃ le duʃ]
Wo sind die Toiletten?	**Où sont les toilettes?**	[u sɔ̃ le twalɛt]

Übernachten & Wohnen

Campingplatz

Abmeldung	**formalité de départ, la**	[fɔrmalite də de'par]
Adapter	**adaptateur, l'**	[adapta'tœr]
Anhängerkupplung	**attelage, l'**	[at'laʒ]
Anmeldung	**inscription, l'**	[ɛ̃skrip'sjɔ̃]
Benutzungsgebühr	**frais d'utilisation, les**	[frɛ dytiliza'sjɔ̃]
bewachen	**surveiller**	[syrvɛ'je]
Boiler	**chauffe-eau, le**	[ʃof 'o]

INFO

Frankreich verfügt über mehr als 9000 Campingplätze, die in Kategorien von einem bis vier Sterne eingeteilt sind. Wildes Camping ist verboten, das „Camping auf dem Bauernhof" ist eine beliebte Alternative: dabei stehen maximal 6 Plätze mit sanitären Einrichtungen in der Nähe eines Bauernhofs zur Verfügung.

Camping	**camping, le**	[kɑ̃'piŋ]
Campingausweis	**carte de camping, la**	[kart də kɑ̃'piŋ]
Campingplatz	**terrain de camping, le**	[terɛ̃ də kɑ̃'piŋ]
Campingstuhl	**chaise de camping, la**	[ʃɛz də kɑ̃'piŋ]
Campingtisch	**table de camping, la**	[tabl də kɑ̃'piŋ]
Decke	**couverture, la**	[kuvɛr'tyr]
Duschraum	**douches, les**	[duʃ]
Gasflasche	**bonbonne de gaz, la**	[bɔ̃bɔn də 'gaz]

Übernachten & Wohnen

Campingplatz

Deutsch	Französisch	Aussprache
Geschirr	vaisselle, la	[vɛ'sɛl]
Geschirrspüler	lave-vaisselle, la	[lav vɛ'sɛl]
Grill	barbecue, le	[barbə'kju]
Kochgeschirr	gamelle, la	[ga'mɛl]
Kochstelle	coin cuisine, le	[kwɛ̃ kɥi'zin]
Kühlschrank	réfrigérateur, le	[refriʒera'tœr]
leihen	emprunter	[ɑ̃prɛ̃'te]
Leihgebühr	frais de location, les	[frɛ də lɔka'sjɔ̃]
Nachtwächter	gardien de nuit, le	[gardjɛ̃ də 'nɥi]
parken	garer	[gare]
Parkplatz	parking, le	[par'kiŋ]
Preis	prix, le	[pri]
Schlafsack	sac de couchage, le	[sak də ku'ʃaʒ]
Spirituskocher	réchaud à alcool, le	[reʃo a al'kɔl]
Steckdose	prise, la	[priz]
Stellplatz	place de stationnement, la	[plas də stasjɔn'mɑ̃]
Stromanschluss	branchement, le	[brɑ̃ʃ'mɑ̃]
Toiletten	toilettes, les	[twa'lɛt]
Trinkwasser	eau potable, l'	[o pɔ'tabl]
Voranmeldung	rendez-vous, le	[rɑ̃de 'vu]
Vorzelt	auvent, l'	[o'vɑ̃]
Waschraum	lavabos, les	[lava'bo]
Wasserkanister	jerricane, le	[ʒeri'kan]
Wohnmobil	camping-car, le	[kɑ̃piŋ 'kar]
Wohnwagen	caravane, la	[kara'van]
Zelt	tente, la	[tɑ̃t]
zelten	camper	[kɑ̃'pe]

Übernachten & Wohnen

Jugendherberge

Gibt es hier eine Jugendherberge?	**Y a-t-il une auberge de jeunesse ici?**	[iatil yn oberʒ də ʒœnɛs isi]
Haben Sie noch etwas frei?	**Avez-vous encore une chambre de libre?**	[ave vu ãkɔr yn ʃãbr də libr]
Kann ich ein Zimmer mit meinem Mann/meiner Frau teilen?	**Est-ce que je peux partager une chambre avec mon mari/ma femme?**	[ɛskə ʒə pø partaʒe yn ʃãbr avɛk mɔ̃ mari/ma fam]
Gibt es Familienzimmer?	**Avez-vous des chambres familiales?**	[ave vu de ʃãbr familjal]
Wie viel kostet die Übernachtung?	**Combien coûte une nuit?**	[kɔ̃bjɛ̃ kut yn nɥi]
Ich bleibe ... Tage.	**Je reste ... jours.**	[ʒə rɛst ... ʒur]
Wo sind die Toiletten?	**Où sont les toilettes?**	[u sɔ̃ le twalɛt]
Kann ich Bettwäsche ausleihen?	**Est-ce que je peux louer des draps?**	[ɛskə ʒə pø lwe de dra]
Gibt es hier Schließfächer?	**Y a-t-il des consignes automatiques?**	[iatil de kɔ̃siɲ otomatik]

Übernachten & Wohnen

Jugendherberge

Können wir an der Rezeption immer jemanden erreichen?	**La réception est-elle toujours occupée?**	[la resɛpsjɔ̃ ɛ tɛl tuʒur ɔkype]
Bis wie viel Uhr abends ist Einlass?	**Jusqu'à quelle heure peut-on rentrer le soir?**	[ʒyska kɛl œr pø tɔ̃ rãtre lə swa]
Erhalten wir mehrere Zimmerschlüssel?	**Nous donnez-vous plusieurs clefs?**	[nu done vu plysjœr kle]
Wann sind die Essenszeiten?	**A quelle heure les repas sont-ils servis?**	[a kɛl œr le rəpa sɔ̃ til sɛrvi]
Was gibt es bei Ihnen zum Frühstück/Mittagessen/Abendessen?	**Qu'est-ce que vous servez au petit-déjeuner/déjeuner/dîner?**	[kɛskə vu sɛrve o pəti deʒœne/deʒœne/dine]
Braucht man bei Ihnen Essensmarken?	**Faut-il des tickets-repas?**	[fo til de tikɛ rəpa]
Ist Alkohol auf dem Zimmer erlaubt?	**Peut-on boire de l'alcool dans les chambres?**	[pø tɔ̃ bwar də lalkɔl dã le ʃãbr]
Gibt es einen Küchendienst?	**Y a-t-il un service de cuisine?**	[iatil ɶ̃ sɛrvis də kɥizin]

Übernachten & Wohnen

Jugendherberge

Abmeldung	**formalité de départ, la**	[fɔrmalite də de'par]
Adapter	**adaptateur, l'**	[adapta'tœr]
Anmeldung	**inscription, l'**	[ɛ̃skrip'sjɔ̃]
Bad	**bain, le**	[bɛ̃]
Bettlaken	**draps, les**	[dra]
Betttuch	**draps, les**	[dra]
Bettwäsche	**linge de lit, le**	[lɛ̃ʒ də 'li]
Dusche	**douche, la**	[duʃ]

INFO
Es gibt in Frankreich etwa 300 Jugendherbergen, dazu kommen noch etwa sechzig Begegnungszentren (Centres de Rencontre), die Jugendherbergen sehr ähnlich sind (einige dieser Zentren sind dem Jugendherbergsverband angegliedert). Für die Übernachtung in einer Jugendherberge benötigen Sie einen internationalen Jugendherbergsauweis.

Empfangshalle	**hall de réception, le**	[ol də resɛp'sjɔ̃]
Essensmarken	**ticket-repas, le**	[tike rə'pa]
Essenszeiten	**heures de repas, les**	[œr də rə'pa]
Essgeschirr	**service de table, le**	[sɛrvis də 'tabl]
Familienzimmer	**chambre familiale, la**	[ʃɑ̃br fami'ljal]
Fernseher	**télévision, la**	[televi'sjɔ̃]
Fernsehraum	**salle de télévision, la**	[sal də televi'sjɔ̃]
Gemeinschaftsraum	**salle commune, la**	[sal ko'myn]

Übernachten & Wohnen

Jugendherberge

Deutsch	Französisch	Aussprache
Handtuch	**serviette, la**	[sɛr'vjɛt]
Herbergseltern	**gérants de l'auberge de jeunesse, les**	[ʒerɑ̃ də lobɛrʒ də ʒœ'nɛs]
Jugendherberge	**auberge de jeunesse, l'**	[obɛrʒ də ʒœ'nɛs]
Jugendherbergsausweis	**carte d'auberge de jeunesse, la**	[kart dobɛrʒ də ʒœ'nɛs]
Kochmöglichkeit	**cuisine, la**	[kɥi'zin]
Leihgebühr	**frais de location, les**	[frɛ də lɔka'sjɔ̃]
Mitgliedskarte	**carte d'adhérent, la**	[kart dade'rɑ̃]

Notausgang	**sortie de secours, la**	[sɔrti də sə'kur]
Pfand	**consigne, la**	[kɔ̃'siɲ]
Rechnung	**facture, la**	[fak'tyr]
Schlafsaal	**dortoir, le**	[dɔr'twar]
Schlafsack	**sac de couchage, le**	[sak də ku'ʃaʒ]
Speisesaal	**salle à manger, la**	[sal a mɑ̃'ʒe]
Steckdose	**prise, la**	[priz]
Strom	**électricité, l'**	[elɛktrisi'te]
telefonieren	**téléphoner**	[telefɔne]
Voranmeldung	**rendez-vous, le**	[rɑ̃de 'vu]
Waschmaschine	**machine à laver, la**	[maʃin a la've]

Waschraum	**lavabos, les**	[lava'bo]
Zimmerschlüssel	**clef de la chambre, la**	[kle də la 'ʃɑ̃br]

Übernachten & Wohnen

Ferienhaus/-wohnung

Haben Sie noch eine Wohnung/ ein Ferienhaus frei?	**Vous reste-t-il un appartement/une maison de libre?**	[vu rɛst til œ̃ napartəmɑ̃/yn mɛzɔ̃ də libr]
Haben Sie eine Wohnung mit Balkon?	**Avez-vous un appartement avec balcon?**	[ave vu œ̃ napartəmɑ̃ avɛk balkɔ̃]
Gibt es eine Wohnung mit einem Kinderzimmer?	**Y a-t-il un appartement avec une chambre d'enfant?**	[iatil œ̃ napartəmɑ̃ avɛk yn ʃɑ̃br dɑ̃fɑ̃]
Wie groß ist die Wohnung?	**Quelle est la taille de l'appartement?**	[kɛl ɛ la taj də lapartəmɑ̃]
Haben Sie auch Nichtraucher- wohnungen?	**Avez-vous aussi des appartements non-fumeurs?**	[ave vu osi de zapartəmɑ̃ nɔ̃ fymœr]
Wir hätten gern zwei Wohnungen nebeneinander.	**Nous aimerions avoir deux appar- tements juxta- posés.**	[nu zɛmərjɔ̃ avwar dø zapartəmɑ̃ ʒykstapoze]
Ich habe eine Wohnung reserviert.	**J'ai réservé un appartement.**	[ʒɛ rezɛrve œ̃ napartəmɑ̃]
In welcher Etage ist unsere Wohnung?	**A quel étage se trouve notre appartement?**	[a kɛl etaʒ sə truv nɔtr apartəmɑ̃]

Übernachten & Wohnen

Ferienhaus/-wohnung

Deutsch	Französisch	Aussprache
Wie viele Zimmer hat die Wohnung?	**Combien de pièces y a-t-il dans l'appartement?**	[kɔ̃bjẽ də pjɛs iatil dã lapartəmã]
Haben Sie eine größere/kleinere Wohnung für uns?	**Auriez-vous un appartement plus grand/petit pour nous?**	[orje vu œ̃ napartəmã ply grã/pəti pur nu]
Können Sie uns noch andere Wohnungen zeigen?	**Pouvez-vous nous montrer d'autres appartements?**	[puve vu nu mɔ̃tre dotr zapartəmã]
Wir nehmen gerne die Wohnung.	**Nous prenons volontiers l'appartement.**	[nu prənɔ̃ vɔlɔ̃tje lapartəmã]
Wo bekommen wir den Schlüssel?	**Où obtiendrons-nous la clef?**	[u obtjẽdrɔ̃ nu la kle]
Wie viele Schlüssel bekommen wir?	**Combien de clefs aurons-nous?**	[kɔ̃bjẽ də kle orɔ̃ nu]
Müssen wir ein Pfand hinterlegen?	**Devons nous laisser une consigne?**	[dəvɔ̃ nu lɛse yn kɔ̃siɲ]
Sind Haustiere in der Wohnung erlaubt?	**Les animaux domestiques sont-ils admis dans l'appartement?**	[le zanimo dɔmestik sɔ̃ til admi dã lapartəmã]

Übernachten & Wohnen

Ferienhaus/-wohnung

Kann man Bettwäsche ausleihen?	**Peut-on louer des draps?**	[pø tɔ̃ lwe de dra]
Gibt es ein zusätzliches Kinderbett?	**Y a-t-il un lit d'enfant supplémentaire?**	[iatil œ̃ li dɑ̃fɑ̃ syplemɑ̃tɛr]
Gibt es eine Klimaanlage?	**Y a-t-il la climatisation?**	[iatil la klimatizasjɔ̃]
Ist ein Fernseher in der Wohnung?	**Y a-t-il une télévision dans l'appartement?**	[iatil yn televisjɔ̃ dɑ̃ lapartəmɑ̃]
Ist die Küche komplett ausgestattet?	**La cuisine est-elle entièrement équipée?**	[la kɥizin ɛ tɛl ɑ̃tjɛrmɑ̃ ekipe]
Gibt es Gartenmöbel?	**Y a-t-il des meubles de jardin?**	[iatil de mœbl də ʒardɛ̃]
Ist ein Spielplatz in der Nähe?	**Y a-t-il une aire de jeux près d'ici?**	[iatil yn ɛr də ʒø prɛ disi]
Wie weit ist es bis zur nächsten Stadt/zum Meer/zum Freibad?	**A quelle distance se trouve la prochaine ville/la mer/la piscine en plein air?**	[a kɛl distɑ̃s sə truv la prɔʃɛn vil/la mɛr/la pisin ɑ̃ plɛ̃ nɛr]
Kann ich hier Fahrräder leihen?	**Est-ce que je peux louer un vélo ici?**	[ɛskə ʒə pø lwe œ̃ velo isi]

Übernachten & Wohnen

Ferienhaus/-wohnung

Deutsch	Französisch	Aussprache
Müssen wir die Endreinigung übernehmen?	**Devons nous nettoyer l'appartement avant de partir?**	[dəvõ nu netwaje lapartəmã avã də partir]
Ist die Endreinigung im Preis inbegriffen?	**Le nettoyage de l'appartement est-il inclu dans le prix?**	[lə netwajaʒ də lapartəmã ɛ til ẽkly dã lə pri]
Ist der Stromverbrauch (auch) im Mietpreis enthalten?	**La consommation électrique est-elle (aussi) comprise?**	[la kõsomasjõ elɛktrik ɛ tɛl (osi) kõpriz]
Wo ist der Sicherungskasten/der Hauptwasserhahn?	**Où sont les fusibles/est le robinet principal?**	[u sõ le fyzibl/ɛ lə rɔbinɛ prẽsipal]
Die Heizung funktioniert nicht richtig.	**Le chauffage ne fonctionne pas correctement.**	[lə ʃofaʒ nə fõksjɔn pa kɔrɛktəmã]
Unsere Nachbarn rechts/links/oben/unten sind zu laut in der Nacht.	**Nos voisins de droite/de gauche/d'en haut/d'en bas sont trop bruyants la nuit.**	[no vwazẽ də drwat/də gɔʃ/dã o/dã ba sõ tro brɥijã la nɥi]
Die Klimaanlage ist kaputt.	**La climatisation est cassée.**	[la klimatizasjõ ɛ kase]

Übernachten & Wohnen

Ferienhaus/-wohnung

Abfluss	**écoulement, l'**	[eku'lmã]
Abreisetag	**jour de départ, le**	[ʒur də de'par]
Anreisetag	**jour d'arrivée, le**	[ʒur dari've]
Appartement	**studio, le**	[sty'djo]
Aufzug	**ascenceur, l'**	[asã'sœr]
Backofen	**four, le**	[fur]
Balkon	**balcon, le**	[bal'kɔ̃]
Besen	**balai, le**	[ba'lɛ]
Besteck	**couverts, les**	[ku'vɛr]
defekt	**défectueux**	[defɛk'tyø]
Doppelbett	**lit double, le**	[li 'dubl]
Dusche	**douche, la**	[duʃ]
Eisschrank	**glacière, la**	[gla'sjɛr]

> **INFO**
>
> Im Juli und August haben die Franzosen Sommerferien und es empfiehlt sich, Hotels und Ferienwohnungen lange im Voraus zu buchen, wenn Sie in diesen Monaten nach Frankreich in den Urlaub fahren wollen.

Ferienhaus	**maison de vacances, la**	[mɛzɔ̃ də va'kãs]
Ferienwohnung	**appartement de vacances, l'**	[apartəmã də va'kãs]
Geschirr	**vaisselle, la**	[vɛ'sɛl]
Glühbirne	**ampoule, l'**	[ã'pul]
Grill	**barbecue, le**	[barbə'kju]
Handtuch	**serviette, la**	[sɛr'vjɛt]
Haustier	**animal domestique, l'**	[animal dɔmɛs'tik]

Ferienhaus/-wohnung

Deutsch	Französisch	Aussprache
Haustürschlüssel	clef de la porte d'entrée, la	[kle də la pɔrt dɑ̃tre]
Herd	cuisinière, la	[kɥizi'njɛr]
Kaffeemaschine	machine à café, la	[maʃin a ka'fe]
kaputt	cassé	[ka'se]
Kinderbett	lit d'enfant, le	[li dɑ̃'fɑ̃]
Kochnische	coin cuisine, le	[kwɛ̃ kɥi'zin]
Küche	cuisine, la	[kɥi'zin]
Kühlschrank	réfrigérateur, le	[refriʒera'tœr]
Licht	lumière, la	[ly'mjɛr]
Mülleimer	poubelle, la	[pu'bɛl]
Parkplatz	parking, le	[par'kiŋ]
Putzmittel	produit d'entretien, le	[prodɥi dɑ̃trə'tjɛ̃]
Quadratmeter	mètre carré, le	[mɛtr ka're]
Reklamation	réclamation, la	[reklama'sjɔ̃]
Ruhe	silence, le	[si'lɑ̃s]
Schlafcouch	canapé-lit, le	[kanape 'li]
Schlafzimmer	chambre, la	[ʃɑ̃br]
Sonnenschirm	parasol, le	[para'sɔl]
Spülmaschine	lave-vaisselle, la	[lav vɛ'sɛl]
Staubsauger	aspirateur, l'	[aspira'tœr]
Steckdose	prise, la	[priz]
Stromzähler	compteur électrique, le	[kɔ̃tœr elɛk'trik]
Teller	assiette, l'	[a'sjɛt]
Teppich	tapis, le	[ta'pi]
Terrasse	terrasse, la	[te'ras]
Veranda	véranda, la	[verɑ̃'da]
Waschmaschine	machine à laver, la	[maʃin a la've]

Übernachten & Wohnen

Essen & Trinken

Reservieren

Ich möchte gerne einen Tisch reservieren.	**Je voudrais réserver une table.**	[ʒə vudre rezɛrve yn tabl]
Bitte reservieren Sie uns einen Nichtraucherplatz.	**Réservez-nous une table en zone non-fumeur, s'il vous plaît.**	[rezɛrve nu yn tabl ã zon nõ fymœr silvuplɛ]
Heute Abend gegen 20 Uhr.	**Ce soir vers 20 heures.**	[sə swar vɛr vẽ tœr]
Wie lange haben Sie geöffnet?	**Jusqu'à quelle heure êtes-vous ouvert?**	[ʒyska kɛl œr ɛt vu ʒuvɛr]
Bis wann kann man bei Ihnen warm essen?	**Jusqu'à quelle heure servez-vous des plats chauds?**	[ʒyska kɛl œr sɛrve vu de pla ʃo]
Mein Name ist …	**Je m'appelle …**	[ʒə mapɛl …]
Haben Sie einen Parkplatz hinter dem Haus?	**Y a-t-il un parking derrière la maison?**	[iatil œ̃ parkiŋ dɛrjɛr la mɛzõ]
Können Sie zwei Tische zusammenschieben?	**Pouvez-vous rapprocher deux tables?**	[puve vu raprɔʃe dø tabl]
Wir speisen nach Karte.	**Nous mangeons à la carte.**	[nu mãʒõ a la kart]

Essen & Trinken

Reservieren

Abendessen	**dîner, le**	[di'ne]
Begleitung	**compagnie, la**	[kɔ̃pa'ɲi]
Beschwerde	**plainte, la**	[plɛ̃t]
bestellen	**commander**	[kɔmɑ̃'de]
Bestellung	**commande, la**	[kɔ'mɑ̃d]
Empfehlung	**recommanda-tion, la**	[rəkɔmɑ̃da'sjɔ̃]
Garderobe	**vestiaire, le**	[vɛs'tjɛr]
Karte	**carte, la**	[kart]
Kinderstuhl	**chaise d'enfant, la**	[ʃɛz dɑ̃'fɑ̃]
Kellner	**serveur, le**	[sɛr'vœr]
Menü	**menu, le**	[mə'ny]
Mittagessen	**déjeuner, le**	[deʒœ'ne]
Nachspeise	**dessert, le**	[de'sɛr]
Nichtraucher	**non-fumeur, le**	[nɔ̃ fy'mœr]
Ober	**garçon, le**	[gar'sɔ̃]
Parkplatz	**parking, le**	[par'kiŋ]
Person	**personne, la**	[pɛr'sɔn]
Portion	**portion, la**	[pɔr'sjɔ̃]
Preis	**prix, le**	[pri]
Raucher	**fumeur, le**	[fy'mœr]
reservieren	**réserver**	[rezɛr've]
Reservierung	**réservation, la**	[rezɛrva'sjɔ̃]
Restaurant	**restaurant, le**	[rɛstɔ'rɑ̃]
Speisekarte	**carte, la**	[kart]
telefonisch	**par téléphone**	[par tele'fɔn]
Tisch	**table, la**	[tabl]
vorbestellen	**réserver**	[rezɛr've]
Vorbestellung	**réservation, la**	[rezɛrva'sjɔ̃]
Vorspeise	**entrée, l'**	[ɑ̃'tre]
Weinkarte	**carte des vins, la**	[kart de 'vɛ̃]

Essen & Trinken

Bestellen

Ich bin hungrig/durstig.	J'ai faim/soif.	[ʒɛ fɛ̃/swaf]
Könnten Sie mir bitte einen Kindersitz bringen?	Pourriez-vous m'apporter une chaise d'enfant?	[purje vu mapɔrte yn ʃɛz dɑ̃fɑ̃]
Ist die Bedienung/das Gedeck inklusive?	Le service/couvert est-il compris?	[lə sɛrvis/kuver ɛtil kɔ̃pri]
Herr Ober/Bedienung/Fräulein!	Garçon/serveuse/mademoiselle!	[gar'sɔ̃/sɛr'vœz/madmwa'zɛl]
Herr Ober, bringen Sie mir bitte die Speisekarte.	Garçon, la carte, s'il vous plaît.	[garsɔ̃ la kart silvuplɛ]
Haben Sie eine Tageskarte/ein Tagesessen?	Avez-vous un menu du jour/plat du jour?	[ave vu œ̃ məny dy ʒur/pla dy ʒur]
Servieren Sie auch vegetarische Gerichte/Diätkost?	Est-ce que vous avez aussi des plats végétariens/aliments diététiques?	[ɛskə vu zave osi de pla veʒetarjɛ̃/alimɑ̃ djetetik]
Ich bin Vegetarier/Diabetiker.	Je suis végétarien/diabétique.	[ʒə sɥi veʒetarjɛ̃/djabetik]
Ich esse kein Fleisch.	Je ne mange pas de viande.	[ʒə nə mɑ̃ʒ pa də vjɑ̃d]

Essen & Trinken

Bestellen

Welches sind die typischen Gerichte der einheimischen Küche?	**Quels sont les plats typiques de la cuisine locale?**	[kɛl sɔ̃ le pla tipik də la kɥizin lɔkal]
Können Sie mir etwas empfehlen?	**Pouvez-vous me recommander quelque chose?**	[puve vu mə rəkomɑ̃de kɛlkəʃoz]
Was ist die Spezialität des Hauses?	**Quelle est la spécialité de la maison?**	[kɛl ɛ la spesjalite də la mɛzɔ̃]
Gibt es auch Kinderportionen?	**Y a-t-il aussi des portions pour enfants?**	[iatil osi de pɔrsjɔ̃ pur ɑ̃fɑ̃]
Servieren Sie auch frischen Fisch?	**Avez-vous aussi du poisson frais?**	[ave vu osi dy pwasɔ̃ frɛ]
Nein, wir haben noch nicht gewählt.	**Non, nous n'avons pas encore choisi.**	[nɔ̃ nu navɔ̃ pa zɑ̃kɔr ʃwazi]
Ich nehme ...	**Je prends ...**	[ʒə prɑ̃ ...]
Ich hätte gerne ...	**Je voudrais ...**	[ʒə vudrɛ ...]
Ich hätte gerne das Gleiche wie diese Dame/dieser Herr dort.	**Je prends la même chose que ce monsieur/cette dame là-bas.**	[ʒə prɑ̃ la mɛm ʃoz kə sə məsjø/sɛt dam la ba]

Essen & Trinken

Bestellen

Wie heißt dieses Gericht?	**Comment s'appelle ce plat?**	[komã sapɛl sə pla]
Das sieht sehr appetitlich aus.	**Cela a l'air appétissant.**	[səla a lɛr apetisã]
Ich vertrage keine/keinen ..., können Sie das Gericht bitte ohne ... zubereiten?	**Je ne supporte pas le/la/les ..., pouvez-vous me préparer ce plat sans ...?**	[ʒə nə sypɔrt pa lə/la/le ... puve vu mə prepare sə pla sã ...]
Könnte ich statt Kartoffeln Reis/Pommes frites bekommen?	**Pourrais-je avoir du riz/des frites au lieu des pommes de terre?**	[purɛʒ avwar dy ri/de frit o ljø de pɔm də tɛr]
Bitte ein Glas/eine Flasche Wasser/Wein.	**Un verre/une bouteille d'eau/de vin, s'il vous plaît.**	[œ̃ vɛr/yn butɛj do/də vɛ̃ silvuplɛ]
Als Vorspeise/Nachspeise hätte ich gerne ...	**Comme entrée/dessert je voudrais ...**	[kɔm ãtre/desɛr ʒə vudrɛ ...]
Bringen Sie uns bitte noch etwas ...	**Apportez nous encore un peu de ... s'il vous plaît.**	[apɔrte nu ãkɔr œ̃ pø də ... silvuplɛ]
Ja, ich nehme gerne noch etwas ...	**Oui, je reprendrai volontiers encore de la/du ...**	[wi ʒə rəprãdrɛ vɔlɔ̃tje ãkɔr də la/dy ...]

Essen & Trinken

Bestellen

| Ich bin satt, danke. | **Je suis repu, merci.** | [ʒə sɥi rəpy mɛrsi] |

| Ich hätte gerne einen Verdauungsschnaps. | **Je voudrais un schnaps pour digérer.** | [ʒə vudrɛ œ̃ ʃnaps pur diʒere] |

| Ich hätte gerne eine Tasse Kaffee ohne/mit Milch und Zucker. | **Je voudrais une tasse de café sans/avec lait et sucre.** | [ʒə vudrɛ yn tas də kafe sã/avɛk lɛ e sykr] |

| Kompliment an die Küche! | **Félicitation au chef.** | [felisitasjɔ̃ o ʃɛf] |

| Es ist sehr gemütlich/eine sehr angenehme Atmosphäre hier. | **C'est agréable/il règne une atmosphère agréable ici.** | [sɛ tagreabl/il rɛɲ yn atmɔsfɛr agreabl isi] |

| Auf meinem Tisch fehlt Salz/Pfeffer/Essig/Öl/ ein Aschenbecher/ eine Serviette/ ein Zahnstocher/ ein Messer/eine Gabel/ein Löffel. | **Il n'y a pas de sel/poivre/vinaigre/huile/cendrier/serviette/cure-dent/couteau/fourchette/cuiller sur ma table.** | [il nia pa də sɛl/pwavr/vinɛgr/ɥil/sãdrije/sɛrvjɛt/kyrdã/kuto/furʃɛt/kɥijɛr syr ma tabl] |

| Zum Wohl! | **Santé!** | [sã'te] |

| Guten Appetit! | **Bon appétit!** | [bɔn apeti] |

Essen & Trinken

Bestellen

Beilage	**garniture, la**	[garni'tyr]
Besteck	**couvert, le**	[ku'vɛr]
Bestellung	**commande, la**	[kɔ'mɑ̃d]
Gabel	**fourchette, la**	[fur'ʃɛt]
Gericht	**plat, le**	[pla]
Hauptspeise	**plat principal, le**	[pla prɛ̃si'pal]
Kellner/in	**serveur, le/ serveuse, la**	[sɛr'vœr/ sɛrvøz]
Kinderportion	**portion enfant, la**	[pɔrsjɔ̃ 'ɑ̃fɑ̃]
Löffel	**cuiller, la**	[kɥijɛr]
Messer	**couteau, le**	[ku'to]
Nachtisch	**dessert, le**	[de'sɛr]
Ober	**garçon, le**	[gar'sɔ̃]

INFO

Ein französisches Frühstück besteht meist nur aus Kaffee und Croissant oder Baguette. Selten wird in Frankreich so üppig gefrühstückt wie es bei uns üblich ist. Erst am Abend wird in mehreren Gängen gespeist.

Portion	**portion, la**	[pɔr'sjɔ̃]
Serviette	**serviette, la**	[sɛr'vjɛt]
Speisekarte	**carte, la**	[kart]
Spezialität	**spécialité, la**	[spesja'lite]
Suppe	**soupe, la**	[sup]
Tasse	**tasse, la**	[tas]
Teller	**assiette, l'**	[a'sjɛt]
Vorspeise	**entrée, l'**	[ɑ̃'tre]
Weinkarte	**carte des vins, la**	[kart dɛ 'vɛ̃]

Essen & Trinken

Speisekarte

Frühstück

Brot	**pain, le**	[pɛ̃]
Brötchen	**petit pain, le**	[pəti 'pɛ̃]
Butter	**beurre, le**	[bœr]
Ei	**œuf, l'**	[œf]
Fruchtsaft	**jus de fruit, le**	[ʒy də 'frɥi]
Getreideflocken	**flocons de céréales, les**	[flokɔ̃ də sere'al]
Honig	**miel, le**	[mjɛl]
Hörnchen	**croissant, le**	[krwa'sɑ̃]
Kaffee	**café, le**	[ka'fe]
Kakao	**cacao, le**	[kaka'o]
Käse	**fromage, le**	[fro'maʒ]
Marmelade	**confiture, la**	[kɔ̃fi'tyr]
Milch	**lait, le**	[lɛ]
Müsli	**céréales, les**	[sereal]
Obst	**fruit, le**	[frɥi]
Rührei	**omelette, l'**	[ɔm'lɛt]
Schinken	**jambon, le**	[ʒɑ̃'bɔ̃]
Speck	**lard, le**	[lar]
Spiegelei	**œuf sur le plat, l'**	[œf syr lə 'pla]
Tee	**thé, le**	[te]
Toast	**toast, le**	[tost]
Weißbrot	**pain blanc, le**	[pɛ̃'blɑ̃]
Wurst	**charcuterie, la**	[ʃarky'tri]

Vorspeisen

Artischocken	**artichauts, les**	[arti'ʃo]
Austern	**huîtres, les**	[ɥitr]
Fischsalat	**salade de poisson, la**	[salad də pwa'sɔ̃]
Garnelen	**crevettes roses, les**	[krevɛt 'roz]

Speisekarte

Hummer	**homard, le**	[oˈmar]
Kaviar	**caviar, le**	[kaˈvjar]
Krabben	**crabes, les**	[krab]
Melone	**melon, le**	[məˈlɔ̃]
Oliven	**olives, les**	[oˈliv]
Pastete	**pâté, le**	[paˈte]
Salat	**salade, la**	[saˈlad]
Sardellen	**sardines, les**	[sarˈdin]
Schinken	**jambon, le**	[ʒɑ̃ˈbɔ̃]
gekocht	**cuit**	[kyi]
geräuchert	**fumé**	[fyˈme]
Weinbergschnecken	**escargots de Bourgogne, les**	[eskargo də burˈgɔɲ]

Suppen

Brokkolikremesuppe	**velouté de brocolis, le**	[vəlute də brokoˈli]
Champignonkremesuppe	**velouté de champignons, le**	[vəlute də ʃɑ̃piˈɲɔ̃]
Erbsensuppe	**soupe aux petits pois, la**	[sup o pəti ˈpwa]
Fischsuppe	**soupe de poisson, la**	[sup de pwaˈsɔ̃]
Fleischbrühe	**bouillon de viande, le**	[bujɔ̃ də ˈvjɑ̃d]
Gemüsesuppe	**potage de légume, le**	[potaʒ də leˈgym]
Hühnerbrühe	**bouillon de poule, le**	[bujɔ̃ də ˈpul]
Kartoffelsuppe	**potage de pommes de terre, le**	[potaʒ də pɔm də ˈtɛr]

Essen & Trinken

Speisekarte

Spargelkreme-suppe	potage d'asperges, le	[potaʒ dasˈpɛrʒ]
Tomaten-kremesuppe	velouté de tomates, le	[vəlute də tɔmat]
Zwiebelsuppe	soupe à l'oignon, la	[sup a loˈɲɔ̃]

Nudelgerichte

Bandnudeln	nouilles plates, les	[nuj ˈplat]
Cannelloni	cannelloni, les	[kaneloˈni]
Gnocchi	gnocchi, les	[nɔˈki]
Lasagne	lasagnes, les	[laˈzaɲ]
Makkaroni	macaroni, les	[makarɔˈni]
Nudeln	nouilles, les	[nuj]
Spaghetti	spaghetti, les	[spageˈti]
Tagliatelle	tagliatelles, les	[tagliaˈtɛl]
Tortellini	tortellini, les	[tɔrteliˈni]

Salate

Bohnensalat	salade d'haricots, la	[salad dariko]
Fischsalat	salade de poisson, la	[salad də pwaˈsɔ̃]
grüner Salat	salade verte, la	[salad ˈvɛrt]
gemischter Salat	salade composée, la	[salad kɔ̃poˈze]
Gurkensalat	salade de concombres, la	[salad də kɔ̃ˈkɔ̃br]
Kartoffelsalat	salade de pommes de terre, la	[salad də pɔm də ˈtɛr]

Essen & Trinken

Speisekarte

Nudelsalat	**salade de nouilles, la**	[salad də 'nuj]
Paprikasalat	**salade de poivrons, la**	[salad də pwa'vrɔ̃]
Reissalat	**salade de riz, la**	[salad də 'ri]
Tomatensalat	**salade de tomates, la**	[salad də tɔmat]

Dressings

Jogurt-Dressing	**sauce-salade au yaourt, la**	[sos salad o ja'urt]
Kräutersoße	**sauce aux herbes, la**	[sos o z'ɛrb]
Öl und Essig	**huile et vinaigre**	[yil ɛ vi'nɛgr]

Gewürze

Basilikum	**basilic, le**	[bazi'lik]
Curry	**curry, le**	[ky'ri]
Ketchup	**ketchup, le**	[kɛt'ʃœp]
Kümmel	**cumin, le**	[ky'mɛ̃]
Lorbeer	**laurier, le**	[lo'rje]
Muskat	**muscat, le**	[my'ska]
Nelke	**clou de girofle, le**	[klu də ʒi'rɔfl]
Oregano	**origan, l'**	[ori'gɑ̃]
Paprika	**paprika, le**	[papri'ka]
Pfeffer	**poivre, le**	[pwavr]
Rosmarin	**romarin, le**	[rɔma'rɛ̃]
Salz	**sel, le**	[sɛl]
Senf	**moutarde, la**	[mu'tard]
Zimt	**cannelle, la**	[ka'nɛl]
Zucker	**sucre, le**	[sykr]

Speisekarte

Hauptgerichte

Fisch

Aal	**anguille, l'**	[ã'gij]
Dorsch	**morue, la**	[mo'ry]
Forelle	**truite, la**	[trɥit]
Garnelen	**crevettes roses, les**	[krəvɛt 'roz]
Heilbutt	**flétan, le**	[fletã]
Kabeljau	**cabillaud, le**	[kabi'jo]
Karpfen	**carpe, la**	[karp]
Krebs	**écrevisse, l'**	[ekrœvis]
Lachs	**saumon, le**	[so'mɔ̃]
Makrele	**maquereau, le**	[ma'kro]
Meeresfrüchte	**fruits de mer, les**	[frɥi də 'mɛr]
Miesmuscheln	**moules, les**	[mul]
Rotbarsch	**sébaste, le**	[se'bast]
Seelachs	**lieu noir, le**	[ljœ 'nwar]
Seezunge	**sole, la**	[sɔl]
Thunfisch	**thon, le**	[tɔ̃]
Tintenfisch	**seiche, la**	[sɛʃ]
Venusmuscheln	**vénéricarde, la**	[veneri'kard]
roh	**cru**	[kry]
gekocht/ gedünstet	**cuit/à la vapeur**	[kɥi/a la vapœr]
gebraten	**frit**	[fri]
geräuchert	**fumé**	[fy'me]
vom Grill	**grillé**	[gri'je]

Geflügel

Ente	**canard, le**	[ka'nar]
Gans	**oie, l'**	[wa]

Speisekarte

Hähnchen	**poulet, le**	[pu'lɛ]
Pute	**dinde, la**	[dɛ̃d]
Truthahn	**dinde, la**	[dɛ̃d]

Wild

Hase	**lièvre, le**	[ljɛvr]
Hirsch	**cerf, le**	[sɛr]
Kaninchen	**lapin, le**	[la'pɛ̃]
Reh	**chevreuil, le**	[ʃə'vrœj]
Wildschwein	**sanglier, le**	[sãgli'je]

Fleisch

Filet	**filet, le**	[filɛ]
Frikadelle	**fricadelle, la**	[frika'dɛl]
Frikassee	**fricassée, la**	[frika'se]
Gulasch	**goulasch, le**	[gu'laʃ]
Hammelfleisch	**mouton, le**	[mu'tɔ̃]
Kalbfleisch	**veau, le**	[vo]
Keule	**cuisse, la**	[kɥis]
Kotelett	**côtelette, la**	[ko'tlɛt]
Lammfleisch	**mouton, le**	[mu'tɔ̃]
Leber	**foie, le**	[fwa]
Lende	**aloyau, l'**	[alwajo]
Rindfleisch	**viande de boeuf, la**	[vjɑ̃d də 'bœf]
Schnitzel	**escalope, l'**	[ɛska'lɔp]
Schweinefleisch	**viande de porc, la**	[vjɑ̃d də 'pɔr]
Speck	**lard, le**	[lar]
Steak	**steak, le**	[stɛk]
Würstchen	**saucisses, les**	[so'sis]
Zunge	**langue, la**	[lãg]

Essen & Trinken

Speisekarte

Gemüse & sonstige Beilagen

Backkartoffeln	pommes de terres au four, les	[pɔm də tɛr o 'fur]
mit Sauerrahm	à la crème fleurette	[a la krɛm flørɛt]
mit Kräuterbutter	au beurre persillé	[o bœr pɛrsi'je]
Blumenkohl	chou-fleur, le	[ʃu 'flœr]
Bohnen	haricots, les	[ari'ko]
Bratkartoffeln	pommes de terre sautées, les	[pɔm də 'tɛr sote]
Chinakohl	chou de Chine, le	[ʃu də 'ʃin]
Endivie	chicorée, la	[ʃiko're]
Erbsen	petits pois, les	[pəti 'pwa]
Fenchel	fenouille, le	[fə'nuj]
Gewürzgurken	cornichon à la russe, le	[kɔrniʃɔ̃ a la 'rys]
Gurke	concombre, le	[kɔ̃'kɔ̃br]
Kartoffelbrei	purée, la	[py're]
Kartoffeln	pommes de terre, les	[pɔm də 'tɛr]
Kopfsalat	laitue, la	[lɛ'ty]
Kroketten	croquettes, les	[krɔ'kɛt]
Lauch/Porree	poireau, le	[pwa'ro]
Mais	maïs, le	[mais]
Meerrettich	raifort, le	[rɛ'fɔr]
Möhren	carottes, les	[ka'rɔt]
Paprika	poivron, le	[pwa'vrɔ̃]
gefüllte Paprika	poivron farci, le	[pwavrɔ̃ far'si]

Essen & Trinken

Speisekarte

Pellkartoffeln	**pommes de terre en robe des champs, les**	[pɔm də tɛr ɑ̃ rɔb de 'ʃɑ̃]
Pommes frites	**frites, les**	[frit]
Reis	**riz, le**	[ri]
Radieschen	**radis, le**	[ra'di]
Rosenkohl	**chou de Bruxelles, le**	[ʃu də bry'ksɛl]
Rote Beete	**betteraves, les**	[be'trav]
Rotkohl	**chou rouge, le**	[ʃu 'ruʒ]
Sellerie	**céleri, le**	[sɛl'ri]
Spargel	**asperges, les**	[as'pɛrʒ]
Spinat	**épinards, les**	[epi'nar]
Tomaten	**tomates, les**	[to'mat]
Weißkohl	**chou blanc, le**	[ʃu 'blɑ̃]

Pilze

Austernpilze	**pleurotes, les**	[plørɔt]
Champignon	**champignon, le**	[ʃɑ̃pi'ɲɔ̃]
Morchel	**morille, la**	[mo'rij]
Pfifferling	**girolle, la**	[ʒi'rɔl]
Steinpilz	**cèpe, le**	[sɛp]

Eierspeisen

hartgekochtes Ei	**œuf dur, l'**	[œf 'dyr]
weichgekochtes Ei	**œuf à la coque, l'**	[œf a la 'kɔk]
Rührei	**œufs brouillés, les**	[ø bru'je]
Spiegelei	**oeuf sur le plat, l'**	[œf syr lə 'pla]
Omelett	**omelette, l'**	[ɔm'lɛt]

Essen & Trinken

Speisekarte

Käse

Brie	brie, le	[bri]
Camembert	camembert, le	[kamã'bɛr]
Emmentaler	emmenthal, l'	[emã'tal]
Edamer	édam, l'	[edam]
Gorgonzola	gorgonzola, le	[gɔrgɔ̃'zola]
Gouda	gouda, le	[gu'da]
Mozzarella	mozarella, la	[mozarɛ'la]
Parmesankäse	parmesan, le	[parmə'zã]
Schimmelkäse	fromage à croûte fleurie, le	[fromaʒ a krut flœ'ri]
Tilsiter	tilsit, le	[tilsit]

Süßspeisen

Kreme/Mousse	crème/mousse, la	[krɛm/mus]
Eis	glace, la	[glas]
mit heißen Himbeeren	au coulis de framboises	[o kuli de frã'bwaz]
Eisbecher	coupe de glace, la	[kup də 'glas]
gemischtes Eis	mélange de glaces, le	[melãʒ de 'glas]
Kuchen	gâteau, le	[ga'to]
Obstsalat	salade de fruits, la	[salad də 'frɥi]
Palatschinken	omelete fourée, l'	[ɔmlɛt 'fure]
Pfannkuchen	crêpe, la	[krɛp]
Pudding	flan, le	[flã]
Schokolade	chocolat, le	[ʃoko'la]
Torte	tarte, la	[tart]
Portion Schlagsahne	portion de Chantilly, la	[pɔrsjɔ̃ də ʃãtiji]
Waffeln	gauffres, les	[gofr]

Essen & Trinken

Bezahlen/Reklamieren

Ist alles/die Bedienung/das Gedeck inklusive?	**Est-ce que tout/le service/le couvert est compris?**	[ɛskə tu/lə sɛrvis/lə kuvɛr ɛ kɔ̃pri]
Das Essen hat ausgezeichnet geschmeckt.	**C'était délicieux.**	[setɛ delisjə]
Wir waren sehr zufrieden.	**Nous étions très satisfait.**	[nu zetjɔ̃ trɛ satisfɛ]
Es hat mir nicht geschmeckt.	**Je n'ai pas aimé.**	[ʒə nɛ pa zeme]
Das Essen ist kalt/versalzen.	**C'est froid/trop salé.**	[sɛ frwa/tro sale]
Das habe ich nicht bestellt.	**Ce n'est pas ce que j'ai commandé.**	[sə nɛ pa sə kə ʒɛ komɑ̃de]
Haben Sie mein(e) ... vergessen?	**Avez-vous oublié mon/ma/mes ...?**	[ave vu ublije mɔ̃/ma/mɛ ...]
Hier fehlt ein(e) ...	**Nous n'avons pas de ...**	[nu navɔ̃ pa də ...]
Nehmen Sie es bitte zurück.	**Rapportez-le en cuisine, s'il vous plaît.**	[rapɔrte lə ɑ̃ kɥizin silvuplɛ]
Bezahlen, bitte!	**L'addition, s'il vous plaît.**	[ladisjɔ̃ silvuplɛ]

Essen & Trinken

Bezahlen/Reklamieren

Bitte alles zusammen.	**Tout ensemble.**	[tu tãsãbl]
Getrennte Rechnungen, bitte.	**Nous payons séparément, s'il vous plaît.**	[nu pejɔ̃ separemã silvuplɛ]
Ich hatte folgende Speisen:	**J'ai mangé:**	[ʒɛ mãʒe]
Geben Sie mir bitte eine Quittung.	**Apportez-moi un reçu, s'il vous plaît.**	[apɔrte mwa œ̃ rəsy silvuplɛ]
Kann ich mit meiner Kreditkarte zahlen?	**Est-ce que je peux payer avec ma carte de crédit?**	[ɛskə ʒə pø peje avɛk ma kart də kredi]
Es stimmt so.	**Gardez le reste.**	[garde lə rɛst]
Die Rechnung scheint mir nicht zu stimmen.	**Il me semble que l'addition n'est pas correcte.**	[il mə sãbl kə ladisjɔ̃ nɛ pa korɛkt]
Das habe ich nicht gehabt. Ich hatte ...	**Je n'ai pas mangé ... J'ai pris ...**	[ʒə nɛ pa mãʒe ... ʒɛ pri ...]
Entschuldigen Sie, aber ich glaube, Sie haben sich da vertan.	**Excuzes-moi, mais il me semble que vous vous êtes trompé.**	[ɛkskyze mwa mɛ il mə sãbl kə vu vu zɛt trɔ̃pe]

Essen & Trinken

Bezahlen/Reklamieren

ablehnen	**refuser**	[rəfy'ze]
ausgezeichnet	**formidable**	[fɔrmi'dabl]
Bedienung	**serveuse, la**	[sɛr'vœz]
beschweren	**se plaindre**	[sə 'plɛ̃dr]
Besteck	**couvert, le**	[ku'vɛr]
bestellen	**commander**	[kɔmã'de]
dreckig	**sale**	[sal]
Durst	**soif, la**	[swaf]
fehlen	**manquer**	[mã'ke]
Gast	**hôte, l'**	[ot]
Geld	**argent, l'**	[ar'ʒã]
Getränk	**boisson, la**	[bwa'sɔ̃]
getrennt	**séparé**	[sepa're]
Glas	**verre, le**	[vɛr]
Haar	**cheveux, les**	[ʃəvø]
Hunger	**faim, la**	[fɛ̃]
Irrtum	**erreur, l'**	[e'rœr]
Kinderteller	**assiette-enfant, l'**	[asjɛt ã'fã]
langsam	**lentement**	[lãtə'mã]
laut	**fort**	[fɔr]
lauwarm	**tiède**	[tjɛd]
Löffel	**cuiller, la**	[kɥi'jɛr]
Messer	**couteau, le**	[ku'to]
Portion	**portion, la**	[pɔr'sjɔ̃]
Quittung	**reçu, le**	[rə'sy]
Rechnung	**addition, l'**	[adisjɔ̃]
Rest	**reste, le**	[rɛst]
scharf	**épicé**	[epi'se]
schlecht	**mauvais**	[mo'vɛ]
schnell	**vite**	[vit]
schmecken	**goûter**	[gu'te]
spät	**tard**	[tar]

Essen & Trinken

Bezahlen/Reklamieren

Speisekarte	**carte, la**	[kart]
Teller	**assiette, l'**	[a'sjɛt]
Trinkgeld	**pourboire, le**	[pur'bwar]
unfreundlich	**peu aimable**	[pø e'mabl]
überhöht	**trop cher**	[tro ʃɛr]
verdorben	**moisi**	[mwa'zi]
vergessen	**oublier**	[ubli'je]
verpfeffert	**trop poivré**	[tro pwa'vre]
verrechnet	**faire une erreur de calcul**	[fɛr yn erœr də kal'kyl]

> **INFO**
>
> *Die beiden französischen Begriffe „le gourmet" und „le gourmand" sind sich sehr ähnlich. Seien Sie vorsichtig in der Verwendung. Ein Feinschmecker wird nicht gerne mit einem „gourmand" – einem Vielfraß – verwechselt!*

versalzen	**trop salé**	[tro sa'le]
verschmutzt	**sale**	[sa'l]
verschüttet	**renversé**	[rãvɛr'se]
warten	**attendre**	[atãdr]
Wechselgeld	**monnaie, la**	[mo'nɛ]
zahlen	**payer**	[pɛ'je]
zu fett	**trop gras**	[tro gra]
zu hart	**trop dur**	[tro dyr]
zu heiß	**trop chaud**	[tro ʃo]
zu kalt	**trop froid**	[tro frwa]
zu klein	**trop petit**	[tro pə'ti]
zu sauer	**trop aigre**	[tro ɛgr]
zu trocken	**trop sec**	[tro sɛk]
zu zäh	**trop dur**	[tro dyr]

Essen & Trinken

 Bar und Café

Gibt es hier eine nette Bar?	Y a-t-il un bar sympa ici?	[iatil œ̃ bar sɛ̃pa isi]
Wann ist Sperrstunde?	A quelle heure ferme-t-il?	[a kɛl œr fɛrm til]
Kann man dort etwas essen?	Peut-on y manger quelque chose?	[pø tɔ̃ i mɑ̃ʒe kɛlkəʃoz]
Welche Cocktails führen Sie?	Qu'avez-vous comme cocktails?	[kave vu kɔm kɔktɛl]
Führen Sie auch alkoholfreie Drinks?	Avez-vous aussi des boissons sans alcool?	[ave vu osi de bwasɔ̃ sɑ̃ zalkɔl]
Ist in dem Getränk Alkohol?	Cette boisson est-elle alcoolisée?	[sɛt bwasɔ̃ ɛtɛl alkɔlize]
Gibt es noch etwas Warmes zu essen?	Est-ce qu'il reste encore des plats chauds?	[ɛskil rɛst ɑ̃kɔr de pla ʃo]
Darf ich Sie auf einen Drink einladen?	Est-ce que je peux vous inviter à boire un verre?	[ɛskə ʒə pø vu zɛ̃vite a bwar œ̃ vɛr]
Ist dieser Platz noch frei?	Cette place est-elle libre?	[sɛt plas ɛtɛl libr]
Ich hätte gern ein Glas Saft.	J'aimerais un verre de jus.	[ʒɛmrɛ œ̃ vɛr də ʒy]

Essen & Trinken

Bar und Café

Deutsch	Français	Prononciation
Mit/Ohne Eis.	**Avec/Sans glace.**	[avɛk/sɑ̃ glas]
Ich möchte eine kleine/mittlere/große/sehr große Portion Eis.	**Je voudrais une petite/moyenne/grosse/très grosse portion de glace.**	[ʒə vudrɛ yn/pətit/mwajɛn/gros/trɛ gros pɔrsjɔ̃ də glas]
Welche Eissorten können Sie mir anbieten?	**Qu'est-ce que vous avez comme sortes de glaces?**	[kɛskə vu zave kɔm sɔrt də glas]
Bitte mit/ohne Schlagsahne.	**Avec/Sans Chantilly, s'il vous plaît.**	[avɛk/sɑ̃ ʃɑ̃tiji silvuplɛ]
Ich möchte ein Stück Torte.	**Je voudrais un morceau de tarte.**	[ʒə vudrɛ œ̃ mɔrso də tart]
Ich möchte bitte ein Stück Kuchen.	**Je voudrais un morceau de gâteau.**	[ʒə vudrɛ œ̃ mɔrso də gato]
Welche Kuchen haben Sie im Sortiment?	**Qu'est-ce que vous avez comme gâteaux?**	[kɛskə vu zave kɔm gato]
Ich hätte gern ein Kännchen Kaffee, bitte.	**J'aimerais un petit pot de café, s'il vous plaît.**	[ʒɛmrɛ œ̃ pəti po də kafe silvuplɛ]
Zahlen, bitte!	**L'addition, s'il vous plaît!**	[ladisjɔ̃ silvuplɛ]

Essen & Trinken

Bar und Café

Bananeneis	glace à la banane, la	[glas a la ba'nan]
Bar	bar, le	[bar]
Bardame	barmaid, la	[bar'mɛd]
Barhocker	tabouret de bar, le	[tabu'rɛ də bar]
Billard	billard, le	[bijar]
Butterkremetorte	gâteau forré de crème au beurre, le	[gato fure də krɛm o bœr]
Café	café, le	[ka'fe]
eine Portion Eis	une portion de glace	[yn pɔrsjɔ̃ də 'glas]
Eiskaffee	café liégeois, le	[kafe lje'ʒwa]
Eisschokolade	chocolat liégeois, le	[ʃokola lje'ʒwa]
Eiswaffeln	gaufrette, la	[go'frɛt]
Eiswürfel	glaçon, le	[gla'sɔ̃]
Erdbeereis	glace à la fraise, la	[glas a la 'frɛz]
Feuerzeug	briquet, le	[bri'kɛ]
Fruchtcocktail	cocktail de fruits, le	[kɔktɛl də 'frɥi]
gemischtes Eis	assortiment de glaces, l'	[asɔrtimɑ̃ də 'glas]
Halbgefrorenes	parfait, le	[par'fɛ]
Kaffee	café, le	[ka'fe]
Kaffeegedeck	service à café, le	[sɛrvis a ka'fe]
Kaffeelöffel	cuiller à café, la	[kɥijɛr a ka'fe]
Kaffeetasse	tasse à café, la	[tas a ka'fe]
Kuchen	gâteau, le	[ga'to]
Lokalrunde	tournée, la	[tur'ne]

Essen & Trinken

Bar und Café

Milch	**lait, le**	[lɛ]
Musik	**musique, la**	[myˈzik]
Ober	**garçon, le**	[garˈsɔ̃]

> **INFO**
>
> *Franzosen treffen sich gerne vor dem Abendessen in Bars und Cafés, um dort einen Aperitif zu trinken.*

Plätzchen	**petits gâteaux secs, les**	[pəti gato ˈsɛk]
Prost!	**Santé!**	[sɑ̃ˈte]
Sahne	**crème, la**	[krɛm]
Sahnebaiser	**meringue, la**	[məˈrɛ̃g]
Sahnetorte	**tarte à la crème, la**	[tart a la ˈkrɛm]
Schokolade	**chocolat, le**	[ʃokoˈla]
Schokoladeneis	**glace au chocolat, la**	[glas o ʃokoˈla]
Serviette	**serviette, la**	[sɛrvˈjɛt]
Strohhalm	**paille, la**	[paj]
Teegebäck	**gâteaux secs, les**	[gato ˈsɛk]
Tisch	**table, la**	[tabl]
Torte	**tarte, la**	[tart]
Trinkgeld	**pourboire, le**	[purˈbwar]
Untertasse	**soucoupe, la**	[suˈkup]
Vanilleeis	**glace à la vanille, la**	[glas a la vaˈnij]
Zitroneneis	**glace au citron, la**	[glas o siˈtrɔ̃]
Zucker	**sucre, le**	[sykr]
Zuckerstreuer	**sucrier, le**	[sykriˈje]

Essen & Trinken

Getränke

alkoholfreies Getränk	boisson sans alcool, la	[bwasɔ̃ sã zal'kɔl]
Apfelsaft	jus de pommes, le	[ʒy də 'pɔm]
Bier	bière, la	[bjɛr]
Branntwein	eau-de-vie, l'	[o də 'vi]
Cappuccino	cappuccino, le	[kaputʃi'no]
Champagner	champagne, le	[ʃã'paɲ]
Cocktail	cocktail, le	[cɔk'tɛl]
Dessertwein	vin à dessert, le	[vɛ̃ a de'sɛr]
Fruchtsaft	jus de fruit, le	[ʒy də 'frɥi]
heiße Schokolade	chocolat chaud, le	[ʃokola 'ʃo]
Kaffee	café, le	[ka'fe]
Kognak	cognac, le	[ko'ɲak]
Likör	liqueur, la	[li'kœr]
Limonade	limonade, la	[limo'nad]
Longdrink	long drink, le	[lɔ̃ 'drink]
Magenbitter	amer, l'	[a'mɛr]
Milchkaffee	café crème, le	[kafe krɛm]
Mineralwasser ohne/mit Kohlensäure	eau minérale, l' plate/gazeuse	[o mine'ral] [plat/gazœz]
Orangenlimonade	limonade à l'orange, la	[limonad a lɔ'rãʒ]
Orangensaft	jus d'orange, le	[ʒy dɔ'rãʒ]
Rotwein	vin rouge, le	[vɛ̃ 'ruʒ]
Sekt	vin mousseux, le	[vɛ̃ mu'sœ]
Tischwein	vin de table, le	[vɛ̃ də 'tabl]
Tomatensaft	jus de tomates, le	[ʒy də to'mat]
Weißwein	vin blanc, le	[vɛ̃ 'blã]

Essen & Trinken

Shopping & Service

Supermarkt

Heute im Angebot!	**En offre spéciale aujourd'hui!**	[ã nɔfr spesjal oʒurˈdɥi]
Wo bitte sind die Einkaufswagen?	**Où sont les chariots, s'il vous plaît?**	[u sɔ̃ le ʃarjo silvuplɛ]
Können Sie mir Geld wechseln?	**Pouvez-vous me faire de la monnaie?**	[puve vu mə fɛr də la monɛ]
Ich möchte ...	**Je voudrais ...**	[ʒə vudrɛ ...]
Haben Sie ...	**Avez-vous ...?**	[ave vu ...]
Wo finde ich ...?	**Où sont ...?**	[u sɔ̃ ...]
Wo ist die ... -Abteilung?	**Où est le rayon ...?**	[u ɛ lə rɛjɔ̃ ...]
Wie teuer ist das?	**Combien est-ce que cela coûte?**	[kɔ̃bjɛ̃ ɛskə səla kut]
Gibt es das auch einzeln?	**Peut-on aussi les acheter à l'unité?**	[pø tɔ̃ osi le zaʃte a lynite]
Ich hätte gerne einen Bund/100 Gramm/1 Kilo/eine Flasche/eine Dose/ein Glas hiervon.	**Je voudrais une botte/100 grammes/1 kilo/une bouteille/une boîte/un verre de ...**	[ʒə vudrɛ yn bɔt/sã gram/œ̃ kilo/yn butɛj/yn bwat/œ̃ vɛr də ...]

Shopping & Service

Supermarkt

Könnten Sie mir etwas hiervon abwiegen?	**Pourriez-vous me peser un peu de ...?**	[purje vu mə pəze œ̃ pø də ...]
Dürfte ich vielleicht etwas hiervon probieren?	**Est-ce que je pourrais goûter à ...?**	[ɛskə ʒə purɛ gute a ...]
Wie lange bleibt das frisch?	**Combien de temps cela reste-t-il frais?**	[kɔ̃bjẽ də tã səla rɛst til frɛ]
Danke, ich werde schon bedient.	**Merci, on s'occupe déjà de moi.**	[mɛrsi ɔ̃ sɔkyp deʒa də mwa]
Danke, das ist alles.	**Ce sera tout merci.**	[sə səra tu mɛrsi]
Eine Tragetasche bitte.	**Un sac, s'il vous plaît.**	[œ̃ sak silvuplɛ]
Können Sie es mir einpacken?	**Pouvez-vous me l'emballer?**	[puve vu mə lãbale]
Was macht/kostet das zusammen?	**Combien est-ce que cela coûte en tout?**	[kɔ̃bjẽ ɛskə səla kut ã tu]
Nehmen Sie auch Euro/Reiseschecks/Kreditkarte?	**Acceptez-vous les paiements en euro/chèques de voyage/carte de crédit?**	[aksepte vu le pɛmã ã œro/ ʃɛk də vwajaʒ/ kart də kredi]

Shopping & Service

Supermarkt

Alkohol	alcool, l'	[al'kɔl]
Aufschnitt	tranche, la	[trɑ̃ʃ]
Aftershave	after-shave, l'	[aftœr'ʃɛv]
Babynahrung	petits pots pour bébés, les	[pəti po pur be'be]
Bier	bière, la	[bjɛr]
Brot	pain, le	[pɛ̃]
Brötchen	petits pains, les	[pəti 'pɛ̃]
Butter	beurre, le	[bœr]
Chips	chips, les	[ʃips]
Damenbinden	serviettes hygiéniques, les	[sɛrvjɛt iʒjenik]
Deodorant	déodorant, le	[deodo'rɑ̃]
Eier	œufs, les	[ø]
Eis	glace, la	[glas]
Erbsen	petits pois, les	[pəti 'pwa]
Essig	vinaigre, le	[vin'ɛgr]
Eau de Cologne	eau de Cologne, l'	[o də kɔ'lɔɲ]
Feuchttücher	essuie-mains, les	[esɥi 'mɛ̃]
Fisch	poisson, le	[pwa'sɔ̃]
Fleisch	viande, la	[vjɑ̃d]
frisch	frais	[frɛ]
Fruchtsaft	jus de fruits, le	[ʒy də 'frɥi]
Gebäck	gâteaux, les	[ga'to]
Gemüse	légumes, les	[leg'ym]
Haferflocken	flocons d'avoine, les	[flokɔ̃ d a'vwan]
Honig	miel, le	[mjɛl]
Hundefutter	nourriture pour chiens, la	[nurityr pur 'ʃjɛ̃]
Jogurt	yaourt, le	[ja'urt]

Shopping & Service

Supermarkt

Kaffee	**café, le**	[ka'fe]
Katzennahrung	**nourriture pour chats, la**	[nurityr pur 'ʃa]
Käse	**fromage, le**	[frɔ'maʒ]
Kekse	**petits gâteaux secs, les**	[pəti gato 'sɛk]
Kindernahrung	**nourriture pour enfants, la**	[nurityr pur ã'fã]
Konserven	**conserves, les**	[kõ'sɛrv]
Kuchen	**gâteau, le**	[ga'to]
Limonade	**limonade, la**	[limo'nad]

INFO

Vorsicht bei Auto- oder Radtouren durch abgelegene Strecken und kleinere Dörfer. Die Lebensmittelläden haben hier eigene Öffnungszeiten. Es kann vorkommen, dass kleine Läden zwischen 12 Uhr mittags und den späten Nachmittagsstunden geschlossen bleiben.

Margarine	**margarine, la**	[marga'rin]
Marmelade	**confiture, la**	[kõfi'tyr]
Majonäse	**mayonnaise, la**	[majɔ'nɛz]
Mehl	**farine, la**	[fa'rin]
Milch	**lait, le**	[lɛ]
Mineralwasser	**eau minérale, l'**	[o mine'ral]
Müsli	**céréales, les**	[sere'al]
Nudeln	**nouilles, les**	[nuj]
Öffnungszeiten	**horaires d'ouverture, les**	[orɛr duvɛr'tyr]
Oliven	**olives, les**	[o'liv]
Olivenöl	**huile d'olive, l'**	[ɥil do'liv]
Orangensaft	**jus d'orange, le**	[ʒy do'rãʒ]

Shopping & Service

Supermarkt

Parfüm	**parfum, le**	[parfɛ̃]
Pfeffer	**poivre, le**	[pwavr]
Pfefferminze	**menthe, la**	[mãt]
Pralinen	**pralines, les**	[pra'lin]
Puder	**poudre, la**	[pudr]
Quark	**fromage blanc, le**	[fromaʒ 'blã]
Reis	**riz, le**	[ri]
Sahne	**crème, la**	[krɛm]
Salami	**salami, le**	[sala'mi]
Salz	**sel, le**	[sɛl]
Salzstangen	**sticks salés, les**	[stik sa'le]
Schinken	**jambon, le**	[ʒã'bɔ̃]
Schnaps	**schnaps, le**	[ʃnaps]
Schnuller	**tétine, la**	[te'tin]
Schokolade	**chocolat, le**	[ʃoko'la]
Sekt	**vin mousseux, le**	[vɛ̃ mu'sø]
Senf	**moutarde, la**	[mu'tard]
Suppe	**soupe, la**	[sup]
Süßigkeiten	**sucreries, les**	[sykrə'ri]
Tee	**thé, le**	[te]
Thunfisch	**thon, le**	[tɔ̃]
Toast	**toast, le**	[tost]
Trinkpäckchen	**boisson en sachet, la**	[bwasɔ̃ ã sa'ʃɛ]
Watte	**ouate, l'**	[wat]
Waffeln	**gauffres, les**	[gofr]
Windeln	**couche, la**	[kuʃ]
Wein	**vin, le**	[vɛ̃]
Wurst	**charcuterie, la**	[ʃarky'tri]
Zucker	**sucre, le**	[sykr]
Zwieback	**biscotte, la**	[bis'kɔt]

Shopping & Service

Bekleidungs-/Schuhgeschäft

Wo ist ein gutes Bekleidungsgeschäft?	Où y a-t-il un bon magasin de vêtements?	[u iatil œ̃ bɔ̃ magazɛ̃ də vɛtmã]
Können Sie mir ... zeigen?	Pouvez-vous me montrer ...?	[puve vu mə mɔ̃tre ...]
Ich möchte ein Paar ...-Schuhe.	Je voudrais une paire de chaussures ...	[ʒə vudrɛ yn pɛr də ʃosyr ...]
Ich habe Konfektionsgröße ...	Je fais du ...	[ʒə fɛ dy ...]
Ich habe Schuhgröße ...	Je fais du ... de pointure.	[ʒə fɛ dy ... də pwɛ̃tyr]
Gibt es dieses Teil auch in .../einer anderen Farbe?	Avez-vous ce modèle aussi en .../dans une autre couleur?	[ave vu sə mɔdɛl osi ã ... /dã zyn otr kulœr]
Ist das farbecht/knitterfrei/pflegeleicht?	Est-ce que c'est grand teint/infroissable/facile à entretenir?	[ɛskə sɛ grã tɛ̃/ɛ̃frwasabl/fasil a ɛ̃trətənir]
Aus welchem Material ist das?	C'est en quelle matière?	[sɛ tã kɛl matjɛr]
Kann ich es anprobieren?	Est-ce que je peux l'essayer?	[ɛskə ʒə pø leseje]

Shopping & Service

Bekleidungs-/Schuhgeschäft

Wo sind die Umkleidekabinen?	**Où sont les cabines d'essayage?**	[u sɔ̃ le kabin desɛjaʒ]
Das ist mir zu eng/weit/lang/kurz/klein/groß.	**C'est trop étroit/large/long/court/petit/grand.**	[sɛ tro petrwa/larʒ/lɔ̃/kur/pəti/grɑ̃]
Das passt gut, ich nehme es.	**Ça me va bien, je le prends.**	[sa mə va bjɛ̃ ʒə lə prɑ̃]
Können Sie das für mich ändern lassen?	**Pouvez-vous le faire retoucher?**	[puve vu lə fɛr rətuʃe]
Kann ich das umtauschen?	**Est-ce que je peux échanger ceci?**	[ɛskə ʒə pø eʃɑ̃ʒe səsi]
Können Sie diese Schuhe reparieren?	**Pouvez-vous réparer ces chaussures?**	[puve vu repare sɛ ʃosyr]
Die Schuhe drücken mich. Haben Sie eine Nummer größer/kleiner?	**Les chaussures me gênent. Avez-vous une pointure plus grande/petite?**	[le ʃosyr mə ʒɛn ave vu yn pwɛ̃tyr ply grɑ̃d/pətit]
Ich brauche Schuhkreme.	**J'ai besoin de cirage.**	[ʒɛ bəswɛ̃ də siraʒ]
Ich hätte gern Schnürsenkel.	**Je voudrais des lacets.**	[ʒə vudrɛ de lasɛ]

Bekleidungs-/Schuhgeschäft

Abendkleid	**robe de soirée, la**	[rɔb de swa're]
Anorak	**anorak, l'**	[ano'rak]
Anzug	**costume, le**	[kɔs'tym]
Badeanzug	**maillot de bain, le**	[majo də 'bɛ̃]
Badehose	**maillot de bain, le**	[majo də 'bɛ̃]
Bademantel	**peignoir, le**	[pɛ'ɲwar]
Badeschuhe	**sandales, les**	[sã'dal]
Baumwolle	**coton, le**	[ko'tɔ̃]
Bikini	**bikini, le**	[biki'ni]
blau	**bleu**	[blø]
Bluse	**chemisier, le**	[ʃəmi'zje]
Büstenhalter	**soutien-gorge, le**	[sutjɛ̃ 'gɔrʒ]
Farbe	**couleur, la**	[kulœr]
Futter	**doublure, la**	[du'blyr]
gelb	**jaune**	[ʒon]
gestreift	**rayé**	[re'je]
grün	**vert**	[vɛr]
Gürtel	**ceinture, la**	[sɛ̃t'yr]
Halbschuhe	**chaussures basses, les**	[ʃosyr 'bas]
Halstuch	**foulard, le**	[fu'lar]
Handschuhe	**gants, les**	[gã]
Handtasche	**sac à main, le**	[sak a 'mɛ̃]
Hemd	**chemise, la**	[ʃə'miz]
Hose	**pantalon, le**	[pãta'lɔ̃]
Hut	**chapeau, le**	[ʃa'po]
Jacke	**manteau, le**	[mã'to]
Jeans	**jean, le**	[dʒin]
kariert	**à carreaux**	[a ka'ro]

Shopping & Service

Bekleidungs-/Schuhgeschäft

Kleid	robe, la	[rɔb]
Kniestrümpfe	chaussettes montantes, les	[ʃoset mɔ̃'tɑ̃t]
Knopf	bouton, le	[bu'tɔ̃]
Koffer	valise, la	[va'liz]
Kostüm	tailleur, le	[ta'jœr]
Kragen	col, le	[kɔl]
Krawatte	cravate, la	[kra'vat]
Lederjacke	veste en cuir, la	[vɛst ɑ̃ 'kɥir]
Leinen	toile, la	[twal]
lila	lilas	[lila]
Mantel	manteau, le	[mɑ̃'to]
Minirock	mini-juppe, la	[mini'ʒyp]
Mütze	bonnet, le	[bo'nɛ]

Nachthemd	chemise de nuit, la	[ʃəmiz də 'nɥi]
Pullover	pull-over, le	[pylɔ'vɛʀ]
Pyjama	pyjama, le	[piʒa'ma]
Regenmantel	imperméable, l'	[ɛ̃pɛrme'abl]
Reißverschluss	fermeture éclair, la	[fɛrmətyr e'klɛr]
Rock	jupe, la	[ʒyp]
rot	rouge	[ruʒ]
Sakko	veste, la	[vɛst]
Sandalen	sandales, les	[sɑ̃'dal]
Schal	écharpe, l'	[e'ʃarp]
Schuhe	chaussures, les	[ʃo'syr]
Schuhkreme	cirage, le	[si'raʒ]
Schuhgröße	pointure, la	[pwɛ̃'tyr]
schwarz	noir	[nwar]
Seide	soie, la	[swa]
Seidenstrümpfe	bas en soie, les	[ba ɑ̃ 'swa]

Bekleidungs-/Schuhgeschäft

Shorts	**short, le**	[ʃɔrt]
Slip	**slip, le**	[slip]
Socken	**chaussettes, les**	[ʃo'sɛt]
Sohle	**semelle, la**	[sə'mɛl]
Sommerkleid	**robe d'été, la**	[rɔb d'ete]
Stiefel	**bottes, les**	[bɔt]
Strickjacke	**veste en laine, la**	[vɛst ã 'lɛn]
Strümpfe	**bas, les**	[ba]
Strumpfhose	**collants, les**	[kɔ'lã]

> **INFO**
>
> Geschäfte sind in der Regel montags bis samstags von 10 Uhr bis 19 Uhr geöffnet. In der Provinz sind sie oft montags und über die Mittagszeit geschlossen (von 12 Uhr bis 14 Uhr oder von 13 Uhr bis 15 Uhr). Einige große Geschäfte bieten einmal in der Woche verlängerte Einkaufszeiten bis 21 Uhr.

Trainingsanzug	**survêtement, le**	[syrvɛt'mã]
T-Shirt	**tee-shirt, le**	[ti'ʃœrt]
Turnschuhe	**chaussures de sport, les**	[ʃosyr də 'spɔr]
Unterhemd	**maillot de corps, le**	[majo də 'kɔr]
Unterhose	**caleçon, le**	[kal'sɔ̃]
Unterwäsche	**sous-vêtements, les**	[suvɛt'mã]
waschmaschinenfest	**lavable en machine**	[lavabl ã ma'ʃin]
weiß	**blanc**	[blã]
Weste	**gilet, le**	[ʒilɛ]
Wolle	**laine, la**	[lɛn]

Shopping & Service

Größen

Körbchengröße	**taille des bonnets, la**	[taj de bɔˈne]
sehr klein	**très petit**	[trɛ pəˈti]
klein	**petit**	[pəˈti]
mittel	**moyen**	[mwaˈjɛ̃]
groß	**grand**	[grɑ̃]
sehr groß	**très grand**	[trɛ ˈgrɑ̃]
sehr sehr groß	**très très grand**	[trɛ trɛ ˈgrɑ̃]
S	**S**	[ɛs]
M	**M**	[ɛm]
L	**L**	[ɛl]
XL	**XL**	[iksɛl]
XXL	**XXL**	[iksiksɛl]

INFO

Um Ihre französische Konfektionsgröße zu erhalten, müssen Sie zu Ihrer deutschen Größe die Zahl zwei addieren.

37	**37**	[trɑ̃t sɛt]
38	**38**	[trɑ̃t ɥit]
39	**39**	[trɑ̃t nœf]
40	**40**	[karɑ̃t]
41	**41**	[karɑ̃te ɛ̃]
42	**42**	[karɑ̃t dø]
43	**43**	[karɑ̃t trwa]
44	**44**	[karɑ̃t katr]
45	**45**	[karɑ̃t sɛ̃k]
46	**46**	[karɑ̃t sis]
47	**47**	[karɑ̃t sɛt]
48	**48**	[karɑ̃t ɥit]

Shopping & Service

Friseur

Ich hätte gerne einen Termin am ...	**Je voudrais prendre un rendez-vous pour ...**	[ʒə vudrɛ prɑ̃dr œ̃ rɑ̃devu pur ...]
Muss ich lange warten?	**Dois-je attendre longtemps?**	[dwaʒ atɑ̃dr lɔ̃tɑ̃]
Schneiden mit/ohne Waschen, bitte.	**Une coupe avec/sans shampoing, s'il vous plaît.**	[yn kup avɛk/sɑ̃ ʃɑ̃pwɛ̃ silvuplɛ]
Rasieren, bitte!	**Rasez-moi la barbe, s'il vous plaît!**	[raze mwa la barb silvuplɛ]
Die Haare bitte ... tönen (färben)!	**Colorez-moi (teignez-moi) les cheveux en ..., s'il vous plaît.**	[kolore mwa (teɲe mwa) le ʃəvø ɑ̃ ... silvuplɛ]
Bitte schneiden Sie die Haare etwas kürzer/nur die Spitzen.	**Coupez les cheveux un peu plus court, s'il vous plaît/ne coupez que les pointes.**	[kupe le ʃəvø œ̃ pø ply kur silvuplɛ/ nə kupe kə le pwɛ̃t]
Bitte hinten/vorne/oben/an den Seiten noch etwas wegnehmen.	**Coupez un peu plus court derrière/devant/dessus/sur les côtés.**	[kupe œ̃ pø ply kur derjɛr/dəvɑ̃/dəsy syr le kote]
Was kostet es?	**Combien est-ce que cela coûte?**	[kɔ̃bjɛ̃ ɛskə səla kut]

Shopping & Service

Friseur

Augenbrauen	**sourcils, les**	[sur'sil]
Bart	**barbe, la**	[barb]
blond	**blond**	[blɔ̃]
Dauerwelle	**permanente, la**	[pɛrma'nɑ̃t]
dunkel	**foncé**	[fɔ̃se]
färben	**teindre**	[tɛ̃dr]
föhnen	**sécher**	[se'ʃe]
frisieren	**coiffer**	[kwa'fe]
Frisur	**coiffure, la**	[kwa'fyr]
Glatze	**calvitie, la**	[kalvısi]
Haar(e)	**cheveux, les**	[ʃə'vø]
Haarausfall	**chute des cheveux, la**	[ʃyt de ʃəvø]

Haarkur	**masque capillaire, le**	[mask kapi'lɛr]
Haarschnitt	**coupe, la**	[kup]
Haarspange	**barrette, la**	[barɛt]
Haarspray	**laque, la**	[lak]
Haarteil	**postiche, la**	[pɔs'tiʃ]
kämmen	**peigner**	[pe'ɲe]
Koteletten	**pattes, les**	[pat]
legen	**coiffer**	[kwa'fe]
Locken	**boucles, les**	[bukl]
Lockenwickler	**bigoudis, les**	[bigu'di]
Perücke	**perruque, la**	[pe'ryk]
Pony	**frange, la**	[frɑ̃ʒ]
Rasur	**rasage, le**	[ra'zaʒ]
Scheitel	**raie, la**	[rɛ]
Stufenschnitt	**dégradé, le**	[degra'de]
stutzen	**tailler**	[taje]
tönen	**colorer**	[kɔlɔ're]
Tönung	**coloration, la**	[kɔlɔra'sjɔ̃]

Optiker

Ich suche einen Optiker.	**Je cherche un opticien.**	[ʒə ʃɛrʃ œ̃ nɔptisjɛ̃]
Mir ist ein Glas meiner Brille zerbrochen.	**L'un des verres de mes lunettes s'est cassé.**	[lœ̃ de vɛr də me lynɛt sɛ kase]
Würden Sie mir bitte diese Brille/Fassung reparieren?	**Pourriez-vous me réparer ces lunettes/cette monture?**	[purje vu mə repare se lynɛt/sɛt mɔ̃tyr]
Ich brauche Gläser mit ... Dioptrien.	**Il me faut des verres avec ... de dioptries.**	[il mə fo de vɛr avɛk ... də dijɔptri]
Ich bin kurzsichtig/weitsichtig.	**Je suis myope/hypermétrope.**	[ʒə sɥi mjɔp/ipɛrmetrɔp]
Wann kann ich die Brille abholen?	**Quand puis-je venir chercher les lunettes?**	[kɑ̃ pɥiʒ vənir ʃɛrʃe le lynɛt]
Ich habe leider eine Kontaktlinse verloren.	**J'ai malheuresement perdu une lentille.**	[ʒɛ malørøzmɑ̃ pɛrdy yn lɑ̃tij]
Ich brauche Reinigungslösung für meine harten/weichen Kontaktlinsen.	**J'ai besoin d'une solution de nettoyage pour des lentilles rigides/souples.**	[ʒɛ bəswɛ̃ dyn sɔlysjɔ̃ də nɛtwajaʒ pur de lɑ̃tij riʒid/supl]

Shopping & Service

Optiker

Aufbewah-rungslösung	solution d'entretien, la	[sɔlysjɔ̃ dɑ̃trə'tjɛ̃]
Brille	lunettes, les	[ly'nɛt]
Brillenetui	étui à lunettes, l'	[etɥi a ly'nɛt]
Brillenfassung	monture, la	[mɔ̃'tyr]
Brillenglas	verre, le	[vɛr]
Dioptrien	dioptries, les	[dijɔp'tri]

INFO

Kreditkarten sind in Frankreich ein sehr beliebtes Zahlungsmittel. EC-Karten dagegen werden nicht in allen Geschäften akzeptiert.

Entspiegelung	anti-reflet, l'	[ɑ̃ti rə'flɛ]
Gestell	monture, la	[mɔ̃'tyr]
Fernglas	jumelles, les	[ʒy'mɛl]
Kontaktlinsen	verres de contact, les	[vɛr də kɔ̃'takt]
Kunststoffglas	verre en plastique, le	[vɛr ɑ̃ plas'tik]
Kurzsichtigkeit	myopie, la	[mjɔ'pi]
Lesebrille	lunettes pour lire, les	[lynɛt pur 'lir]
minus	moins	[mwɛ̃]
plus	plus	[plys]
Putztuch	chiffon, le	[ʃi'fɔ̃]
Rezept	ordonnance, l'	[ɔrdo'nɑ̃s]
Sehschärfe	acuité visuelle, l'	[akɥite viz'ɥɛl]
Sehtest	test de vue, le	[tɛst də vy]
Sonnenbrille	lunettes de soleil, les	[lynɛt də so'lɛj]
Weitsichtigkeit	hypermétropie, l'	[ipɛrme'trɔpi]

Schreibwaren/Tabakladen

Haben Sie deutsche Zeitungen/Zeitschriften?	**Avez-vous des journaux/magazines allemands?**	[ave vu de ʒurno/ magazin zalmã]
Ich brauche einen Reiseführer/eine Wanderkarte von dieser Gegend.	**J'ai besoin d'un guide/d'une carte des itinéraires pédestres de la région.**	[ʒɛ bəswẽ dœ̃ gid/ dyn kart de zitinerɛr pedɛstr də la reʒjõ]
Welche Zigarrensorten haben Sie?	**Quelles marques de cigares avez-vous?**	[kɛl mark də sigar ave vu]
Führen Sie auch Pfeifentabak?	**Vendez-vous du tabac à pipe?**	[vãde vu dy taba a pip]
Führen Sie Briefpapier?	**Vendez-vous du papier à lettres?**	[vãde vu dy papje a lɛtr]
Haben Sie Briefumschläge?	**Avez-vous des enveloppes?**	[ave vu de zãvlɔp]
Bekomme ich bei Ihnen auch Briefmarken?	**Vendez-vous aussi des timbres?**	[vãde vu osi de tɛ̃br]
Wie teuer sind diese Ansichtskarten?	**Combien coûtent ces cartes postales?**	[kõbjẽ kut se kart pɔstal]
Ich brauche eine Geburtstagskarte.	**J'ai besoin d'une carte d'anniversaire.**	[ʒɛ bəswẽ dyn kart danivɛrsɛr]

Shopping & Service

Schreibwaren/Tabakladen

Ansichtskarte	carte postale, la	[kart pɔs'tal]
Bleistift	crayon à papier, le	[krɛjɔ̃ a pa'pje]
Briefmarke	timbre, le	[tɛ̃br]
Briefumschlag	enveloppe, l'	[ɑ̃v'lɔp]
Feuerzeug	briquet, le	[bri'kɛ]
Kugelschreiber	crayon, le	[krɛ'jɔ̃]

> **INFO**
>
> In den Tabakläden („magasins de tabac") erhalten Sie sowohl verschiedenste Tabakwaren, wie auch Briefmarken, Schreibwaren und Telefonkarten. Da es in Frankreich keine Zigarettenautomaten gibt, sind die kleinen Läden für Raucher ein „wertvoller" Begleiter.

Landkarte	carte, la	[kart]
Notizblock	bloc-notes, le	[blɔk 'nɔt]
Papier	papier, le	[pa'pje]
Pfeife	pipe, la	[pip]
Pfeifenreiniger	cure-pipe, le	[kyr 'pip]
Reiseführer	guide de voyage, le	[gid də vwa'jaʒ]
Stadtplan	plan de la ville, le	[plɑ̃ də la 'vil]
Straßenkarte	carte routière, la	[kart ru'tjɛr]
Tabak	tabac, le	[ta'ba]
Zeitschrift	magazine, le	[maga'zin]
Zeitung	journal, le	[ʒur'nal]
Zigarette	cigarette, la	[siga'rɛt]
Zigarettenpapier	papier à cigarettes, le	[papje a siga'rɛt]
Zigarre	cigare, le	[si'gar]

Souvenir/Schmuck

Welche Souvenirs sind typisch für diese Gegend?	**Quels sont les souvenirs typiques de la région?**	[kɛl sɔ̃ le suvnir tipik də la reʒjɔ̃]
Ich möchte ein hübsches Andenken kaufen.	**Je voudrais acheter un joli souvenir.**	[ʒə vudrɛ aʃte œ̃ ʒoli suvnir]
Dieses Schmuckstück ist wunderschön.	**Ce bijou est merveilleux.**	[sə biʒu ɛ mɛrvɛjø]
Ist das Handarbeit?	**Est-ce fait à la main?**	[ɛs fɛ a la mɛ̃]
Ist das antik?	**Est-ce que c'est ancien?**	[ɛskə sɛ tɑ̃sjɛ̃]
Ist das echt?	**Est-ce que c'est authentique?**	[ɛskə sɛ otɑ̃tik]
Könnte ich diese Kette anprobieren?	**Pourrais-je essayer ce collier?**	[purɛʒ eseje sə kolje]
Darf ich das Stück mal anfassen.	**Est-ce que je peux le toucher?**	[ɛskə ʒə pø lə tuʃe]
Können Sie mir das … einmal genauer zeigen.	**Pourriez-vous me le montrer de plus près?**	[purje vu mə lə mɔ̃tre də ply prɛ]
Was kostet dieses Souvenir?	**Combien coûte ce souvenir?**	[kɔ̃bjɛ̃ kut sə suvnir]

Shopping & Service

Souvenir/Schmuck

antik	**antique**	[ɑ̃'tik]
Anhänger	**pendantif, le**	[pɑ̃dɑ̃'tif]
Armband	**bracelet, le**	[bra'slɛ]
Armbanduhr	**montre, la**	[mɔ̃tr]
Bild	**image, l'**	[i'maʒ]
Brosche	**broche, la**	[brɔʃ]
echt	**authentique**	[otɑ̃'tik]

INFO

Viele Firmen bieten inzwischen einen Fabrikverkauf an. Kaufen Sie typisch französische Souvenirs direkt dort, wo sie hergestellt werden: Porzellan in Limoges, Kristall in Lothringen, Schuhe in Romans, Fayence-Keramik in Gien oder Quimper …

Gold	**or, l'**	[ɔr]
handgemacht	**fait à la main**	[fɛ a la 'mɛ̃]
Handkette	**bracelet, le**	[bras'lɛ]
Hut	**chapeau, le**	[ʃa'po]
Karat	**carat, le**	[kara]
Kerzenhalter	**chandelier, le**	[ʃɑ̃də'lje]
Kette	**chaîne, la**	[ʃɛn]
Kristall	**cristal, le**	[kris'tal]
Modeschmuck	**bijoux, les**	[bi'ʒu]
mundgeblasen	**soufflé à la bouche**	[sufle a la 'buʃ]
Ohrringe	**boucles d'oreille, les**	[bukl dɔ'rɛj]
Perle	**perle, la**	[pɛrl]
Ring	**anneau, l'**	[ano]
Schmuck	**bijou, le**	[biʒu]
Silber	**argent, l'**	[ar'ʒɑ̃]
Statue	**statue, la**	[staty]

Flohmarkt/Wochenmarkt

Wie oft findet der Wochenmarkt statt?	**Combien de fois le marché a-t-il lieu par semaine?**	[kɔ̃bjẽ də fwa lə marʃe atil ljø par səmɛn]
Wann findet hier ein Flohmarkt statt?	**Quand y aura-t-il le marché aux puces?**	[kã jora til lə marʃe o pys]
Ich hätte gern ein Pfund ...	**Je voudrais une livre de ...**	[ʒə vudrɛ yn livr də ...]
Bitte geben Sie mir ein Kilo ...	**Donnez-moi un kilo de ...**	[dɔne mwa œ̃ kilo də ...]
Danke, das ist alles.	**Ce sera tout, merci.**	[sə səra tu mɛrsi]
Kann ich etwas davon probieren?	**Est-ce que je peux y goûter?**	[ɛskə ʒə pø i gute]
Sind diese ... frisch?	**Ces ... sont-ils frais?**	[sɛ ... sɔ̃til frɛ]
Für weniger Geld nehme ich es.	**Je le prends si vous me le faites moins cher.**	[ʒə lə prã si vu mə lə fɛt mwẽ ʃɛr]
Das ist mir zu teuer.	**C'est trop cher.**	[sɛ tro ʃɛr]
Können Sie mir das mal näher zeigen?	**Pouvez-vous me le montrer de plus près?**	[puve vu mə lə mɔ̃tre də ply prɛ]
Wie alt ist das hier?	**Cela date de quand?**	[səla dat də kã]

Flohmarkt/Wochenmarkt

alt	**ancien**	[ã'sjɛ̃]
anbieten	**proposer**	[propo'ze]
antik	**antique**	[ã'tik]
Antiquitäten	**antiquités, les**	[ãtiki'te]
Basar	**bazar, le**	[ba'zar]
billig	**bon marché**	[bɔ̃ mar'ʃe]
Dutzend	**douzaine, la**	[du'zɛn]
feilschen	**marchander**	[marʃã'de]
Fischstand	**marchand de poissons, le**	[marʃã də pwa'sɔ̃]
Frischobst	**fruits frais, les**	[frɥi 'frɛ]
Gemüsestand	**marchand de légumes, le**	[marʃã də le'gym]

Händler	**marchand, le**	[mar'ʃã]
handeln	**marchander**	[marʃã'de]
kaufen	**acheter**	[aʃ'te]
Kunsthandwerk	**artisanat, l'**	[artiza'na]
Kunstmarkt	**marché d'art, le**	[marʃe d'ar]
Mengenrabatt	**remise, la**	[rə'miz]
Möbel	**meubles, les**	[mœbl]
Obststand	**marchand de fruits, le**	[marʃã də 'frɥi]
Schmuck	**bijou, le**	[bi'ʒu]
Secondhand-kleidung	**vêtements d'occasion, les**	[vɛtmã dɔka'zjɔ̃]
Souvenir	**souvenir, le**	[suv'nir]
Stand	**stand, le**	[stãd]
Trödel	**bric-à-brac, le**	[brik a 'brak]
Wochenmarkt	**marché hebdomadaire, le**	[marʃe ɛbdoma'dɛr]

Vase	**vase, le**	[vaz]
verkaufen	**vendre**	[vãdr]

Shopping & Service

Obst und Gemüse

Ananas	**ananas, l'**	[ana'na]
Apfel	**pomme, la**	[pɔm]
Apfelsine	**orange, l'**	[o'rɑ̃ʒ]
Aprikose	**abricot, l'**	[abri'ko]
Artischocken	**artichauts, les**	[arti'ʃo]
Auberginen	**aubergines, les**	[obɛr'ʒin]
Backpflaumen	**pruneaux, les**	[pry'no]
Banane	**banane, la**	[bana'n]
Beeren	**baies, les**	[bɛ]
Birne	**poire, la**	[pwar]
Blaubeeren	**myrtilles, les**	[mir'tij]
Blumenkohl	**chou-fleur, le**	[ʃu 'flœr]
Bohnen	**haricots, les**	[ari'ko]
Brombeeren	**mûres, les**	[myr]
Champignons	**champignons, les**	[ʃɑ̃pi'ɲɔ̃]
Chicoree	**endives, les**	[ɑ̃'div]
Datteln	**dattes, les**	[dat]
Erbsen	**petits pois, les**	[pəti 'pwa]
Erdbeeren	**fraises, les**	[frɛz]
Feige	**figue, la**	[fig]
Granatapfel	**grenade, la**	[grə'nad]
Grapefruit	**pamplemousse, le**	[pɑ̃plə'mus]
Grünkohl	**chou vert, le**	[ʃu 'vɛr]
Gurke	**concombre, le**	[kɔ̃'kɔ̃br]
Haselnüsse	**noisettes, les**	[nwa'zɛt]
Himbeeren	**framboises, les**	[frɑ̃'bwaz]
Karotten	**carottes, les**	[ka'rɔt]
Kartoffeln	**pommes de terre, les**	[pɔm də 'tɛr]
Kastanien	**châtaignes, les**	[ʃa'tɛɲ]

Shopping & Service

Obst und Gemüse

Kirschen	**cerises, les**	[sə'riz]
Kohl	**chou, le**	[ʃu]
Kohlrabi	**chou-rave, le**	[ʃu 'rav]
Lauch	**poireau, le**	[pwa'ro]
Linsen	**lentilles, les**	[lã'tij]
Mandarine	**mandarine, la**	[mãda'rin]
Melone	**melon, le**	[mə'lɔ̃]
Nüsse	**noisettes, les**	[nwazɛt]
Orange	**orange, l'**	[o'rãʒ]
Paprikaschoten	**poivrons, les**	[pwa'vrɔ̃]
Pfifferlinge	**girolle, la**	[ʒi'rɔl]
Pfirsich	**pêche, la**	[pɛʃ]
Pflaumen	**prunes, les**	[pryn]
Pilze	**champignons, les**	[ʃãpi'ɲɔ̃]
Porree	**poireau, le**	[pwa'ro]
Radieschen	**radis, le**	[ra'di]
Rhabarber	**rhubarbe, la**	[ry'barb]
Rosenkohl	**chou de Bruxelles, le**	[ʃu də bryk'sɛl]
Rote Rüben	**betterave, la**	[be'trav]
Salat	**salade, la**	[sa'lad]
Schnittlauch	**ciboulette, la**	[sibu'lɛt]
Sellerie	**celeri, le**	[sɛl'ri]
Spargel	**asperges, les**	[as'pɛrʒ]
Spinat	**épinards, les**	[epi'nar]
Steinpilze	**cèpes, les**	[sɛp]
Tomaten	**tomates, les**	[to'mat]
Walnüsse	**noix, les**	[nwa]
Wassermelone	**pastèque, la**	[pas'tɛk]
Weißkohl	**chou blanc, le**	[ʃu 'blã]
Zwiebeln	**oignons, les**	[o'ɲɔ̃]

Bank

Wann öffnet/schließt die Bank?	A quelle heure ouvre/ferme la banque?	[a kɛl œr uvr/fɛrm la bãk]
Wo ist der nächste Geldautomat?	Où est le distributeur de billets le plus proche?	[u ɛ lə distribytœr də bijɛ lə ply prɔʃ]
Wo kann ich hier Geld wechseln?	Où est-ce que je peux changer de l'argent?	[u ɛskə ʒə pø ʃãʒe də larʒã]
Ich möchte bitte ... Euro von meinem Konto abheben.	Je voudrais retirer ... euros de mon compte.	[ʒə vudrɛ rətire ... œro də mɔ̃ kɔ̃t]
Ich möchte dieses auf mein Konto einzahlen.	Je voudrais déposer cette somme sur mon compte.	[ʒə vudrɛ depoze sɛt sɔm syr mɔ̃ kɔ̃t]
Haben Sie denn Ihren Ausweis dabei?	Avez-vous votre passeport sur vous?	[ave vu vɔtr paspɔr syr vu]
Unterschreiben Sie bitte hier.	Signez ici, s'il vous plaît.	[siɲe isi silvuplɛ]
Ich habe meine Reiseschecks verloren. Was muss ich tun?	J'ai perdu mes chèques de voyage, que dois-je faire?	[ʒɛ pɛrdy me ʃɛk də vwajaʒ kə dwaʒ fɛr]

Bank

auszahlen	verser	[vɛr'se]
Bankleitzahl	numéro d'identité bancaire, le	[nymero didãtite bã'kɛr]
bar	comptant	[kɔ̃'tã]
Bargeld	argent liquide, l'	[arʒã li'kid]
Betrag	montant, le	[mɔ̃'tã]
Devisen	devises, les	[də'viz]
einzahlen	déposer	[depo'ze]
Euro	euro, l'	[œro]
Formular	formulaire, le	[fɔrmy'lɛr]
Geheimzahl	code secret, le	[kɔd sə'krɛ]
Geld	argent, l'	[ar'ʒã]
Geldautomat	distributeur de billets, le	[distribytœr də bi'jɛ]
Geldanweisung	mandat, le	[mã'da]
Geldschein	billet, le	[bi'jɛ]
Geldwechsel	change, le	[ʃãʒ]
Kleingeld	monnaie, la	[mo'nɛ]
Konto	compte, le	[kɔ̃t]
Kreditkarte	carte de crédit, la	[kart də kre'di]
Kurs	cours, le	[kur]
Münze	pièce, la	[pjɛs]
Quittung	reçu, le	[rəsy]
Schalter	guichet, le	[gi'ʃɛ]
Scheck	chèque, le	[ʃɛk]
Überweisung	virement, le	[vir'mã]
Unterschrift	signature, la	[siɲa'tyr]
Währung	devise, la	[də'viz]
wechseln	changer	[ʃãʒe]
Zahlung	paiement, le	[pɛ'mã]

Bank & Post

Post

Wo finde ich den nächsten Briefkasten?	**Où est la boîte aux lettres la plus proche?**	[u ɛ la bwat o lɛtr la ply prɔʃ]
Wie viel Porto kommt auf einen Brief/eine Postkarte nach Deutschland?	**A combien faut-il affranchir une lettre/carte postale pour l'Allemagne?**	[a kɔ̃bjɛ̃ fotil afrɑ̃ʃir yn lɛtr/ kart pɔstal pur lalmaɲ]
Wie lange braucht ein Brief nach Deutschland?	**Combien de temps met une lettre pour arriver en Allemagne?**	[kɔ̃bjɛ̃ də tɑ̃ mɛ yn lɛtr pur arive ɑ̃ nalmaɲ]
Drei Briefmarken zu ..., bitte.	**Trois timbres à ..., s'il vous plaît.**	[trwa tɛ̃br a ... silvuplɛ]
Ich möchte ein Einschreiben aufgeben.	**Je voudrais envoyer une lettre recommandée.**	[ʒə vudrɛ ɑ̃vwaje yn lɛtr rəkomɑ̃de]
Diesen Brief bitte per Luftpost/Express.	**Je voudrais envoyer cette lettre par avion/en express.**	[ʒə vudrɛ ɑ̃vwaje sɛt lɛtr par avjɔ̃/ɑ̃ nɛkspres]
Haben Sie Paketkartons?	**Avez-vous des packets en carton?**	[ave vu de pakɛ ɑ̃ kartɔ̃]
Eine Telefonkarte zu ...	**Une carte téléphonique à ...**	[yn kart telefɔnik a ...]

Bank & Post

Post

absenden	**envoyer**	[ãvwa'je]
Absender	**expéditeur, l'**	[ekspedi'tœr]
Adresse	**adresse, l'**	[ad'rɛs]
Ansichtskarte	**carte postale, la**	[kart pɔs'tal]
aufgeben	**déposer**	[depo'ze]
ausfüllen	**remplir**	[rã'plir]
Bestimmungsort	**destination, la**	[dɛstina'sjõ]
Brief	**lettre, la**	[lɛtr]
Briefkasten	**boîte aux lettres, la**	[bwat o 'lɛtr]
Briefmarke	**timbre, le**	[tẽbr]
Briefmarkenautomat	**distributeur de timbres, le**	[distribytœr də 'tẽbr]
Briefträger/in	**facteur, le/ factrice, la**	[fak'tœr/faktris]
Briefumschlag	**enveloppe, l'**	[ãv'lɔp]
Eilbrief	**lettre express, la**	[lɛtr eks'prɛs]
Einschreibebrief	**envoie en recommandé, l'**	[ãvwa ã rekomã'de]
einzahlen	**payer**	[pɛ'je]
Empfänger	**destinataire, le**	[dɛstina'tɛr]
Empfangsbestätigung	**accusé de reception, l'**	[akyze də resɛp'sjõ]
Formular	**formulaire, le**	[fɔrmy'lɛr]
frankieren	**affranchir**	[afrã'ʃir]
Gewicht	**poids, le**	[pwa]
Leerung	**levée, la**	[lə've]
Luftpost	**par avion**	[par av'jõ]
Münzfernsprecher	**cabine à pièces, la**	[kabin a 'pjɛs]

Bank & Post

Post

Nachnahme	contre remboursement	[kɔ̃tr rãbursəmã]
Päckchen	packet, le	[pa'kɛ]
Paket	colis, le	[ko'li]

> **INFO**
>
> Briefkästen erkennt man in Frankreich an ihrer gelben Farbe. Die Leerungszeiten werden am Briefkasten angezeigt. Postämter sind im Allgemeinen von 8 Uhr bis 19 Uhr und samstags von 8 Uhr bis 12 Uhr geöffnet. Sie können dort telefonieren und faxen, Briefmarken kaufen und Briefe und Pakete verschicken. Das Postamt 52 rue du Louvre in Paris ist das einzige Postamt Europas, das 365 Tage im Jahr rund um die Uhr geöffnet hat.

Porto	frais de port, les	[frɛ də 'pɔr]
Post	poste, la	[pɔst]
Postamt	bureau de poste, le	[byrɔ də 'pɔst]
Postkarte	carte postale, la	[kart pɔs'tal]
Postleitzahl	code postal, le	[kɔd pɔs'tal]
Schalter	guichet, le	[gi'ʃɛ]
Schalterstunden	heure d'acceuil, l'	[œr da'kœj]
Sonderbriefmarke	timbre spécial, le	[tɛ̃br spe'sjal]
Telefax	téléfax, le	[tele'faks]
Telefon	téléphone, le	[tele'fɔn]
Telegramm	télégramme, le	[tele'gram]
unfrankiert	non-affranchi	[nɔ̃ afrã'ʃi]
Wertangabe	valeur, la	[valœr]
Zollerklärung	déclaration en douane, la	[deklarasjɔ̃ ã 'dwan]

Bank & Post

Unterhaltung & Freizeit

Konzert/Theater/Kino

Welches Stück wird heute Abend im Theater aufgeführt?	**Quelle pièce joue-t-on ce soir au théâtre?**	[kɛl pjɛs ʒu tɔ̃ sə swar o teatr]
Was läuft morgen Abend im Kino?	**Qu'est-ce-qu'il y aura demain soir au cinéma?**	[kɛskil jora dəmɛ̃ swar o sinema]
Wo bekomme ich das Kinoprogramm?	**Où est-ce que je peux trouver le programme de cinéma?**	[u ɛskə ʒə pø truve lə program də sinema]
Wird in der Stadt zurzeit ein Musical aufgeführt?	**Joue-t-on une comédie musicale en ville en ce moment?**	[ʒutɔ̃ yn komedi myzikal ɑ̃ vil ɑ̃ sə mɔmɑ̃]
Können Sie mir ein gutes Theaterstück/einen guten Film empfehlen?	**Pouvez-vous me conseiller une bonne pièce de théâtre/un bon film?**	[puve vu me kɔ̃seje yn bɔn pjɛs də teatr/œ̃ bɔ̃ film]
Wann beginnt die Vorstellung?	**A quelle heure commence la représentation?**	[a kɛl œr komɑ̃s la rəprezɑ̃tasjɔ̃]
Wo kann ich die Karten kaufen?	**Où est-ce que je peux acheter des tickets?**	[u ɛskə ʒə pø aʃte de tikɛ]

Unterhaltung & Freizeit

Konzert/Theater/Kino

Gibt es noch Karten für ...?	**Est-ce qu'il reste encore des places pour ...?**	[ɛskil rɛst ãkɔr de plas pur ...]
Bitte zwei Karten für heute Abend.	**Deux tickets pour ce soir, s'il vous plaît.**	[dø tikɛ pur sə swar silvuplɛ]
Bitte vier Karten in der ersten/ zweiten/letzten Preiskategorie.	**Quatre places dans la première/deu- xième/dernière catégorie de prix s'il vous plaît.**	[katr plas dã la prəmjɛr/dəzjɛm/ dɛrnjɛr kategori də pri silvuplɛ]
Zwei Erwachsene, ein Kind.	**Deux adultes et un enfant.**	[dø zadylt e ɶ̃ nãfã]
Wann ist die Vor- stellung zu Ende?	**A quelle heure se termine la repré- sentation?**	[a kɛl œr sə tɛrmin la rəprezãtasjɔ̃]
Wo ist die Garderobe?	**Où sont les ves- tiaires?**	[u sɔ̃ le vɛstjɛr]
Gibt es eine Pause?	**Y a-t-il un en- tracte?**	[iatil ɶ̃ nãtrakt]
Hat Ihnen der Film gefallen?	**Est-ce que le film vous a plu?**	[ɛskə lə film vu za ply]
Das Konzert fand ich sehr gut.	**Le concert m'a beaucoup plu.**	[lə kɔ̃sɛr ma boku ply]

Unterhaltung & Freizeit

Konzert/Theater/Kino

Akt	acte, l'	[akt]
Aufführung	représentation, la	[rəprezɑ̃ta'sjɔ̃]
Ballett	ballet, le	[ba'lɛ]
Bühne	scène, la	[sɛn]
Chor	chorale, la	[kɔ'ral]
Dirigent	chef d'orchestre, le	[ʃef dɔr'kɛstr]
Drama	drame, le	[dram]
Eintrittskarte	ticket, le	[ti'kɛ]
Festspiele	festival, le	[fɛsti'val]
Film	film, le	[film]
Freilichtkino	cinéma en plein air, le	[sinema ɑ̃ plɛ n'ɛr]
Garderobe	vestiaire, le	[vɛs'tjɛr]
Hauptrolle	rôle principale, le	[rol prɛ̃si'pal]
Jazzkonzert	concert de jazz, le	[kɔ̃sɛr də 'dʒaz]
Kabarett	cabaret, le	[kabarɛ]
Kasse	caisse, la	[kɛs]
Kino	cinéma, le	[sine'ma]
Kirchenkonzert	concert dans une église, le	[kɔ̃sɛr dɑ̃ zyn e'gliz]
Komödie	comédie, la	[kome'di]
Komponist/in	compositeur, le/trice, la	[kɔ̃pozi'tœr/'tris]
Konzert	concert, le	[kɔ̃'sɛr]
Loge	loge, la	[lɔʒ]
Nachmittagsvorstellung	matinée, la	[mati'ne]
Oper	opéra, l'	[ope'ra]

Unterhaltung & Freizeit

Konzert/Theater/Kino

Operette	**opérette, l'**	[opeˈrɛt]
Opernglas	**jumelles de théâtre, les**	[ʒymɛl də teaˈtr]
Orchester	**orchestre, l'**	[ɔrˈkɛstr]
Parkett	**orchestre, l'**	[ɔrˈkɛstr]

INFO
Im Kino gibt es immer Platzanweiser, die Sie gegen ein kleines Trinkgeld an Ihren Platz geleiten!

Pause	**entracte, l'**	[ãtrˈakt]
Premiere	**première, la**	[prəˈmjɛr]
Programm	**programme, le**	[proˈgram]
Rang	**rang, le**	[rã]
Regie	**mise en scène, la**	[miz ã ˈsɛn]
Rolle	**rôle, le**	[rol]
Sänger/in	**chanteur, le/ euse, la**	[ʃãˈtœr/øz]
Schauspiel	**spectacle, le**	[spɛkˈtakl]
Schauspieler/in	**acteur/actrice, l'**	[akˈtœr/akˈtris]
Spielplan	**programme des représentations, le**	[program de rəprezãtaˈsjɔ̃]
Tänzer/in	**danseur, le/ euse, la**	[dãˈsœr/ˈsøz]
Theaterstück	**pièce de théâtre, la**	[pjɛs də teaˈtr]
Untertitel	**sous-titres, les**	[su ˈtitr]
Vorstellung	**représentation, la**	[rəprezãtaˈsjɔ̃]
Vorverkauf	**location, la**	[lokaˈsjɔ̃]
Zirkus	**cirque, le**	[sirk]

Unterhaltung & Freizeit

Museum

Eintritt frei!	**Entrée gratuite!**	[ãtre gra'tu̯it]
Was kostet der Eintritt/die Führung?	**Combien coûte l'entrée/la visite guidée?**	[kɔ̃bjẽ kut lãtre/la vizit gide]
Gibt es einen Katalog zur Ausstellung?	**Y a-t-il un catalogue de l'exposition?**	[iatil ɶ̃ katalɔg də lekspozisjɔ̃]
Und was kostet der Katalog?	**Combien coûte le catalogue?**	[kɔ̃bjẽ kut lə katalɔg]
Wann ist das Museum geöffnet?	**Quelles sont les horaires d'ouverture du musée?**	[kɛl sɔ̃ le zorɛr duvertyr dy myze]
Wann beginnt die Führung?	**A quelle heure commence la visite guidée?**	[a kɛl œr kɔmãs la vizit gide]
Gibt es auch eine Führung in deutscher Sprache?	**Y a-t-il aussi une visite guidée en allemand?**	[iatil osi yn vizit gide ã nalmã]
Welche Sehenswürdigkeiten gibt es hier?	**Quelles sont les curiosités de la région?**	[kɛl sɔ̃ le kyrjozite də la reʒjɔ̃]
Wir möchten ... besichtigen.	**Nous voudrions visiter ...**	[nu vudrijɔ̃ vizite ...]

Museum

Was für ein Platz/eine Kirche ist das?	**Quelle est cette place/église?**	[kɛl ɛ sɛt plas/egliz]
Wann wurde dieses Gebäude erbaut/restauriert?	**Quand ce bâtiment a-t-il été construit/restauré?**	[kã sə batimã atil ete kɔ̃strɥi/rɛstore]
Aus welcher Epoche stammt dieses Bauwerk?	**De quelle époque date cette construction?**	[də kɛl epɔk dat sɛt kɔ̃stryksjɔ̃]
Gibt es in der Stadt noch andere Werke von diesem Architekten?	**Y a-t-il en ville d'autres constructions de cet architecte?**	[iatil ã vil dotr kɔ̃stryksjɔ̃ də sɛt arʃitɛkt]
Wo sind die Funde ausgestellt?	**Où sont exposées les découvertes?**	[u sɔ̃ tɛkspoze le dekuvɛrt]
Wer hat dieses Bild gemalt?	**Qui a peint ce tableau?**	[ki a pɛ̃ sə tablo]
Wer hat diese Plastik geschaffen?	**Qui a créé cette sculpture?**	[ki a kree sɛt skyltyr]
Haben Sie das Bild als Poster/Postkarte?	**Avez-vous un poster/une carte postale du tableau?**	[ave vu œ̃ pɔstɛr/yn kart pɔstal dy tablo]
Darf man hier fotografieren?	**Est-il permis de prendre des photos?**	[ɛtil pɛrmi də prãdr de foto]

Unterhaltung & Freizeit

Museum

Akt	nu, le	[ny]
Altar	autel, l'	[o'tɛl]
antik	antique	[ɑ̃'tik]
Antike	antiquité, l'	[ɑ̃tiki'te]
Architektur	architecture, l'	[aʃitɛk'tyr]
Aquarell	aquarelle, l'	[akwa'rɛl]
Ausstellung	exposition, l'	[ɛkspozi'sjɔ̃]
Barock	baroque, le	[ba'rɔk]
Besichtigung	visite, la	[vi'zit]
Bild	image, l'	[i'maʒ]
Bildhauer	sculpteur, le	[sky'ltœr]
Bronze	bronze, le	[brɔ̃z]
Büste	buste, le	[byst]
Denkmal (-schutz)	(la protection des) monuments historiques, les	[(la protɛksjɔ̃ de) monymɑ̃ isto'rik]
Dynastie	dynastie, la	[dina'sti]
Einfluss	influence, l'	[ɛ̃fly'ɑ̃s]
Empirestil	style empire, le	[stil ɑ̃'pir]

INFO

Museen sind in Frankreich dienstags meist geschlossen. An Sonn- und Feiertagen sind sie von 9 Uhr bis 14 Uhr geöffnet.

Epoche	époque, l'	[e'pɔk]
Expressionismus	expressionisme, l'	[ɛksprɛsjo'nism]
Fotografie	photographie, la	[fotogra'fi]
Fremdenführer	guide, le	[gid]

Unterhaltung & Freizeit

Museum

Fresko	fresque, la	[frɛsk]
Fries	frise, la	[friz]
Führung	visite guidée, la	[vizit gi'de]
Funde	découvertes, les	[deku'vɛrt]
Galerie	galerie, la	[ga'lri]
Gemälde	tableau, le	[ta'blo]
Geschichte	histoire, l'	[is'twar]
Gotik	gothique, la	[go'tik]
Illustration	illustration, l'	[ilystra'sjɔ̃]
Impressionismus	impressionisme, l'	[ɛ̃prɛsjo'nism]
Jugendstil	art nouveau, l'	[ar nu'vo]
Keramik	céramique, la	[sera'mik]
Klassizismus	classicisme, le	[klasi'sism]
Kubismus	cubisme, le	[ky'bism]
Kunst	art, l'	[ar]
Material	matériau, le	[mate'rjo]
Modell	modèle, le	[mo'dɛl]
Moderne	moderne, le	[mo'dɛrn]
Pastell	pastel, le	[pas'tɛl]
Plastik	sculpture, la	[skyl'tyr]
Porträt	portrait, le	[pɔr'trɛ]
Realismus	réalisme, le	[rea'lism]
Renaissance	renaissance, la	[rənɛ'sɑ̃s]
Romantik	romantique, le	[romɑ̃'tik]
Sehenswürdigkeiten	curiosité, la	[kyrjozi'te]
Skulptur	sculpture, la	[skyl'tyr]
Stil	style, le	[stil]
Stillleben	nature morte, la	[natyr 'mɔrt]
Surrealismus	surréalisme, le	[syrrea'lism]
Vase	vase, le	[vaz]

Unterhaltung & Freizeit

Ausflüge und Ausflugsziele

Wo ist das Fremdenverkehrsbüro?	**Où est l'office du tourisme?**	[u ɛ lofis dy turism]
Ich brauche einen Veranstaltungskalender.	**J'ai besoin d'un calendrier des représentations.**	[ʒɛ bəswɛ̃ dœ̃ kalãdrije de rəprezãtasjɔ̃]
Ich möchte gerne einen Stadtplan.	**Je voudrais un plan de la ville.**	[ʒə vudrɛ œ̃ plã də la vil]
Gibt es auch geführte Touren?	**Y a-t-il aussi des visites guidées?**	[iatil osi de vizit gide]
Ich möchte ... besichtigen.	**Je voudrais visiter ...**	[ʒə vudrɛ vizite ...]
Ich möchte eine Bergtour machen.	**Je voudrais faire un tour en montagne.**	[ʒə vudrɛ fɛr œ̃ tur ã mɔ̃taɲ]
Können Sie mir eine Tour empfehlen?	**Pouvez-vous me conseiller un circuit?**	[puve vu mə kɔ̃seje œ̃ sirkɥi]
Was kostet der Eintritt?	**Combien coûte l'entrée?**	[kɔ̃bjɛ̃ kut lãtre]
Gibt es eine Ermäßigung für Studenten/Kinder/Behinderte/Rentner?	**Y a-t-il une réduction pour étudiants/enfants/personnes handicapés/retraités?**	[iatil yn redyksjɔ̃ pur etydjã/ãfã/pɛrsɔn zãdikape/rətrɛte]

Unterhaltung & Freizeit

Ausflüge und Ausflugziele

Für morgen bitte zwei Plätze nach ...	**Deux places pour demain à destination de ..., s'il vous plaît.**	[dø plas pur dəmɛ̃ a destinasjɔ̃ də ... silvuplɛ]
Zwei Erwachsene, zwei Kinder, bitte.	**Deux adultes, deux enfants, s'il vous plaît.**	[dø zadylt dø zɑ̃fɑ̃ silvuplɛ]
Spricht der Fremdenführer Deutsch?	**Est-que le guide parle allemand?**	[ɛskə lə gid parl almɑ̃]
Wo ist der Treffpunkt?	**Où-est le point de rendez-vous?**	[u ɛ lə pwɛ̃ də rɑ̃devu]
Wann geht es los?	**Cela commence à quelle heure?**	[səla komɑ̃s a kɛl œr]
Ist das Mittagessen inbegriffen?	**Le déjeuner est-il inclu?**	[lə deʒœne ɛtil ɛ̃kly]
Wann sind wir heute Abend zurück?	**A quelle heure rentrerons-nous ce soir?**	[a kɛl œr rɑ̃trərɔ̃ nu sə swar]
Wo bekomme ich die Karten?	**Où-est-ce que je peux acheter les billets?**	[u ɛskə ʒə pø aʃte le bije]
Können Sie mir den Weg auf der Wanderkarte zeigen?	**Pouvez-vous me montrer la route sur le topoguide?**	[puve vu mə mɔ̃tre la rut syr lə tɔpɔgid]

Unterhaltung & Freizeit

Ausflüge und Ausflugsziele

Wo befindet sich ...?	**Où se trouve ...?**	[u sə truv ...]
Ist das der Weg nach ...?	**Est-ce que c'est la route de ...?**	[ɛskə sɛ la rut də ...]
Ist das etwas für Kinder?	**Est-ce aussi pour les enfants?**	[ɛs osi pur le zɑ̃fɑ̃]
Ist der Weg gut markiert?	**Le chemin est-il bien indiqué?**	[lə ʃəmɛ̃ ɛtil bjɛ̃ nɛ̃dike]
Hier lebte/wurde geboren/starb ...	**Ici a vécu/est né/ est mort ...**	[isi a veky/ɛ ne/ɛ mɔr ...]
Aus welchem Jahrhundert stammt ...?	**De quel siècle date ...?**	[də kɛl sjɛkl dat ...]
Wann wurde dieses Gebäude gebaut?	**Quand a été construit ce bâtiment?**	[kɑ̃ a ete kɔ̃strɥi sə batimɑ̃]
Wer hat denn ... gebaut?	**Qui a construit ...?**	[ki a kɔ̃strɥi ...]
Von wem stammt dieses Bild?	**De qui est ce tableau?**	[də ki ɛ sə tablo]
Darf man hier auch fotografieren?	**Est-il permis de prendre des photos ici?**	[ɛtil pɛrmi də prɑ̃dr de foto isi]

Unterhaltung & Freizeit

Ausflüge und Ausflugsziele

Altstadt	**vieille ville, la**	[vjɛj 'vil]
Ausflug	**excursion, l'**	[ɛkskyr'sjɔ̃]
Ausgrabung	**fouille, la**	[fuj]
Aussicht	**vue, la**	[vy]
Ausstellung	**exposition, l'**	[ɛkspozi'sjɔ̃]
Badegelegenheit	**baignade, la**	[bɛ'nad]
Bauernhof	**ferme, la**	[fɛrm]
Berge	**montagne, la**	[mɔ̃'tan]
besichtigen	**visiter**	[vizi'te]
Bootsfahrt	**promenade en bateau, la**	[prɔmnad ɑ̃ ba'to]
Botanischer Garten	**jardin botanique, le**	[ʒardɛ̃ botanik]

INFO

Passen Sie besonders in Großstädten und touristischen Ballungsgebieten auf Wertgegenstände und Papiere auf.
Machen Sie sich am besten Kopien Ihrer Papiere und bewahren Sie diese sicher auf. Lassen Sie Ihr Auto nie unabgesperrt, da die Versicherung in diesem Fall keine Erstattung leistet.

Brotzeit	**casse-ceroûte, le**	[kaskrut]
Brücke	**pont, le**	[pɔ̃]
Brunnen	**puits, le**	[pɥi]
Burg	**château fort, le**	[ʃato 'fɔr]
Dampferfahrt	**sortie en bateau à vapeur, la**	[sorti ɑ̃ bato a va'pœr]

Unterhaltung & Freizeit

Ausflüge und Ausflugsziele

Denkmal	monument, le	[mony'mã]
Dom	cathédrale, la	[kate'dral]
Dorf	village, le	[vi'laʒ]
Fluss	fleuve, le	[flœv]
Freizeitpark	parc de loisirs, le	[park də lwa'zir]
Fremdenführer	guide, le	[gid]
Führung	visite guidée, la	[vizit gi'de]
Galerie	galerie, la	[gal'ri]
Gletscher	glacier, le	[gla'sje]
Grünanlage	espace vert, l'	[ɛspas 'vɛr]
Hafen	port, le	[pɔr]
Höhle	grotte, la	[grɔt]
Kino	cinéma, le	[sine'ma]
Kirche	église, l'	[e'gliz]
Landhaus	maison de campagne, la	[mɛzõ də kã'paɲ]
Landschaft	paysage, le	[pei'zaʒ]
Leuchtturm	phare, le	[far]
Maler	peintre, le	[pɛ̃tr]
Malerei	peinture, la	[pɛ̃'tyr]
Markt	marché, le	[mar'ʃe]
Meer	mer, la	[mɛr]
Museum	musée, le	[my'ze]
Nationalpark	parc national, le	[park nasjo'nal]
Naturschutzgebiet	réserve naturelle, la	[rezɛrv naty'rɛl]
öffentliche Toilette	toilette publique, la	[twalɛt py'blik]
Park	parc, le	[park]

Unterhaltung & Freizeit

Ausflüge

Picknick	**pique-nique, le**	[pik'nik]
Prospekt	**prospectus, le**	[prɔspɛk'tys]
Rollstuhl	**fauteuil voulant, le**	[fotœij rulɑ̃]
Ruderboot	**barque, la**	[bark]
Ruine	**ruine, la**	[rɥin]
Rundfahrt	**circuit, le**	[sir'kɥi]
Schloss	**château, le**	[ʃa'to]
Schluchten	**ravins, les**	[ra'vɛ̃]
Schwimmbad	**piscine, la**	[pi'sin]
See	**lac, le**	[lak]
Sehenswürdigkeit	**curiosité, la**	[kyrjozi'te]
Shopping	**faire les magasins**	[fɛr le maga'zɛ̃]
Spaziergang	**promenade, la**	[prɔmnad]
Stadtplan	**plan, le**	[plɑ̃]
Stadtteil	**quartier, le**	[kar'tje]
Steppe	**steppe, la**	[stɛp]
Sternwarte	**observatoire, l'**	[obsɛrva'twar]
Strand	**plage, la**	[plaʒ]
Synagoge	**synagogue, la**	[sina'gɔg]
Tempel	**temple, le**	[tɑ̃pl]
Theater	**théâtre, le**	[te'ɑtr]
Tretboot	**pédalo, le**	[peda'lo]
Universität	**université, l'**	[ynivɛrsi'te]
wandern	**faire de la marche**	[fɛr də la marʃ]
Wasserfall	**cascade, la**	[kas'kad]
Wanderung	**randonnée, la**	[rɑ̃do'ne]
Wüste	**désert, le**	[dez'ɛr]
Zoo	**zoo, le**	[zo]

Unterhaltung & Freizeit

Sport und Strand

Welche Sportveranstaltungen gibt es hier?	**Quelles activités sportives peut-on pratiquer ici?**	[kɛl zaktivite spɔrtiv pøtɔ̃ pratike isi]
Was kostet der Eintritt?	**Combien coûte l'entrée?**	[kɔ̃bjɛ̃ kut lɑ̃tre]
Welche Mannschaften spielen?	**Qui est-ce qui joue?**	[ki ɛski ʒu]
Wie steht es?	**Combien y a-t-il?**	[kɔ̃bjɛ̃ iatil]
Das Spiel steht ... zu ...	**Il y a ... à ...**	[il i a ... a]
Gibt es ein Freibad?	**Y a-t-il une piscine en plein air?**	[iatil yn pisin ɑ̃ plɛ nɛr]
Gibt es einen Golfplatz?	**Y a-t-il un terrain de golf?**	[iatil œ̃ terɛ̃ də gɔlf]
Wo ist denn das Stadion?	**Où est le stade?**	[u ɛ lə stad]
Kann ich hier in der Nähe angeln?	**Est-ce que je peux pêcher par ici?**	[ɛskə ʒə pø peʃe par isi]
Ich möchte ein Boot mieten.	**Je voudrais louer un bateau.**	[ʒə vudrɛ lwe œ̃ bato]
Gibt es hier einen Tennisplatz?	**Y a-t-il un court de tennis?**	[iatil œ̃ kur də tenis]

Unterhaltung & Freizeit

Sport und Strand

Wo geht es zum Strand?	**Quel est le chemin qui mène à la plage?**	[kɛl ɛ lə ʃəmɛ̃ ki mɛn a la plaʒ]
Wo sind die Umkleidekabinen?	**Où sont les cabines?**	[u sɔ̃ le kabin]
Was kostet ein Liegestuhl?	**Combien coûte une chaise longue?**	[kɔ̃bjɛ̃ kut yn ʃɛz lɔ̃g]
Kann man einen Sonnenschirm ausleihen?	**Peut-on louer un parasol?**	[pøtɔ̃ lwe œ̃ parasɔl]
Welche Temperatur hat das Wasser?	**Quelle est la température de l'eau?**	[kɛl ɛ la tɑ̃peratyr də lo]
Wie weit darf man hinausschwimmen?	**Jusqu'où est-il permis de nager?**	[ʒysku ɛ til pɛrmi də naʒe]
Baden verboten!	**Baignade interdite!**	[bɛɲad ɛ̃tɛrdit]
Achtung, Strömung!	**Attention au courant!**	[atɑ̃sjɔ̃ o kurɑ̃]
Ist es für Kinder gefährlich?	**Est-ce que c'est dangereux pour les enfants?**	[ɛskə sɛ dɑ̃ʒrø pur le zɑ̃fɑ̃]

Unterhaltung & Freizeit

Sport und Strand

Anfänger	débutant, le	[deby'tã]
Angel	canne à pêche, la	[kan a 'pɛʃ]
Angelhaken	hameçon, l'	[am'sɔ̃]
Angelschein	permis de pêche, le	[pɛrmi de 'pɛʃ]
Ausritt	sortie à cheval, la	[sɔrti a ʃe'val]
Badehose	maillot de bain, le	[majo də 'bɛ̃]
Bademeister	maître nageur, le	[mɛtr na'ʒør]

INFO

„Oben ohne" zu baden ist am Mittelmeer und an der Atlantikküste gang und gäbe. Auf Korsika allerdings sollten Sie auf nahtlose Bräune verzichten, sonst riskieren Sie ein Bußgeld.

Ball	balle, la	[bal]
Bergschuhe	chaussures de montagne, les	[ʃosyr də mɔ̃'taɲ]
bergsteigen	faire de l'alpinisme	[fɛr də lalpi'nism]
Bucht	baie, la	[bɛ]
Düne	dune, la	[dyn]
Fahrrad	vélo, le	[ve'lo]
FKK	nudisme, le	[ny'dism]
Fußballspiel	match de football, le	[matʃ də fut'bol]
Golfplatz	terrain de golf, le	[tɛrɛ̃ də 'gɔlf]

Unterhaltung & Freizeit

Sport und Strand

Deutsch	Französisch	Aussprache
Handtuch	serviette, la	[sɛrˈvjɛt]
Hütte	cabane, la	[kaˈban]
Jagdschein	permis de chasse, le	[pɛrmi də ˈʃas]
Kanu	canoë, le	[kanoe]
Kartenspiel	jeu de cartes, le	[ʒø də ˈkart]
klettern	grimper	[grɛ̃ˈpe]
Köder	appât, l'	[aˈpa]
Lawine	avalanche, l'	[avaˈlɑ̃ʒ]
Lebensgefahr	danger de mort, le	[dɑ̃ʒe də ˈmɔr]
Luftmatratze	matelas gonflable, le	[matla gɔ̃ˈflabl]
Lufttemperatur	température de l'air, la	[tɑ̃peratyr de ˈlɛr]
mieten	louer	[lwe]
Motorboot	bateau à moteur, le	[bato a moˈtœr]
Muscheln	moules, les	[mul]
Netz	filet, le	[fiˈlɛ]
Nichtschwimmer	non-nageur, le	[nɔ̃ naˈʒœr]
Pferd	cheval, le	[ʃəval]
Platzmiete	abonnement, l'	[abɔnmɑ̃]
Privatstrand	plage privé, la	[plaʒ prive]
Programm	programme, le	[program]
Proviant	provisions, les	[provisjɔ̃]
Rettungsring	bouée de sauvetage, la	[bwe də sovˈtaʒ]
Ruderboot	barque, la	[bark]
Sandspielzeug	jouets de plage, les	[ʒwe də ˈplaʒ]

Unterhaltung & Freizeit

Sport und Strand

Deutsch	Französisch	Aussprache
Sauna	sauna, le	[so'na]
Schiedsrichter	arbitre, l'	[ar'bitr]
Schläger	raquette, la	[ra'kɛt]
Schnorchel	tuba, le	[ty'ba]
Schwimmflossen	palmes, les	[palm]
Schwimmflügel	brassière, la	[bra'sjɛr]
Seeigel	oursin, l'	[ursɛ̃]
Segelboot	bateau à voile, le	[bato a 'vwal]
Sieg	victoire, la	[vik'twar]
Sonnenbrille	lunettes de soleil, les	[lynɛt də so'lɛj]
Sonnenkreme	crème solaire, la	[krɛm sɔ'lɛr]

Sonnenöl	huile solaire	[yil sɔ'lɛr]
Sport	sport, le	[spɔr]
Stadion	stade, le	[stad]
Strand	plage, la	[plaʒ]
Strandkorb	fautenil-cabine, le	[fotœj kabin]
Strand-promenade	promenade, la	[prɔmnad]
Strömung	courant, le	[ku'rɑ̃]
Sturmwarnung	avis de tempête, l'	[avi də tɑ̃'pɛt]
Surfbrett	planche de surf, la,	[plɑ̃ʃ də sœrf]
Wanderkarte	carte de randonnée, la	[kart də rɑ̃do'ne]

Wasser	eau, l'	[o]
Wellen	vagues, les	[vag]
Ziel	cible	[sibl]

Unterhaltung & Freizeit

Diverse Sportarten

Abfahrtslauf	**descente, la**	[de'sɑ̃t]
angeln	**pêcher**	[pe'ʃe]
bergsteigen	**faire de l'alpinisme**	[fɛr də lalpi'nism]
Bob fahren	**faire du bobsleigh**	[fɛr dy bob'slɛ]
boxen	**boxer**	[bɔ'kse]
Eiscurling	**curling, le**	[kœr'liŋ]
Eishockey	**hockey sur glace, le**	[okɛ syr 'glas]

INFO

Eine besonders beliebte Sportart in Frankreich ist das „Boule". Dabei wird versucht, mit einer Metallkugel in die Nähe einer kleinen Holzkugel zu treffen, oder aber die Metallkugel des Gegners möglichst weit von der Holzkugel wegzuschießen. Dieser Sport wird vor allem von Männern gespielt, die damit gleichzeitig das wöchentliche Treffen verbinden, Neuigkeiten austauschen und ihren gesellschaftlichen Pflichten gerecht werden.

Eis laufen	**faire du patin à glace**	[fɛr dy patɛ̃ a 'glas]
Fahrradfahren	**cyclisme, le**	[sikli'sm]
Federball	**badminton, le**	[badmin'tɔn]
Fußball	**football, le**	[fut'bol]
Golf	**golf, le**	[gɔlf]
Gymnastik	**gymnastique, la**	[ʒimnas'tik]
Handball	**handball, le**	[ɑ̃d'bal]
jagen	**chasser**	[ʃa'se]
joggen	**faire du jogging**	[fɛr dy dʒo'giŋ]

Unterhaltung & Freizeit

Diverse Sportarten

Judo	**judo, le**	[ʒy'do]
Karate	**karate, le**	[kara'te]
Kegeln	**jeu de quilles, le**	[ʒø də 'kij]
Korbball	**balle au panier, la**	[bal o pa'nje]
Kricket	**cricket, le**	[kri'kɛt]
Langlauf	**ski de fond, le**	[ski də 'fɔ̃]
Leichtathletik	**athlétisme, l'**	[atle'tism]
Minigolf	**minigolf, le**	[mini'gɔlf]
Motorrad fahren	**faire de la moto**	[fɛr də la mo'to]
Mountainbiking	**faire du vélo tout terrain**	[fɛr dy velo tu te'rɛ̃]
Paragliding	**parapente, la**	[para'pãt]
reiten	**monter à cheval**	[mɔ̃te a ʃə'val]
rodeln	**faire de la luge**	[fɛr də la 'lyʒ]
Rudern	**aviron, l'**	[avi'rɔ̃]
Schach	**échecs, les**	[eʃ'ɛk]
Schwimmen	**natation, la**	[nata'sjɔ̃]
segeln	**faire de la voile**	[fɛr də la 'vwal]
Ski fahren	**faire du ski**	[fɛr dy 'ski]
surfen	**surfer**	[sœr'fe]
Tennis	**tennis, le**	[te'nis]
Tischtennis	**ping-pong, le**	[piŋ 'pɔ̃ŋ]
Volleyball	**volley-ball, le**	[volɛ'bal]
Wasserball	**water-polo, le**	[watɛr po'lo]
Wasserski	**ski nautique, le**	[ski no'tik]
windsurfen	**faire de la planche à voile**	[fɛr de la plɑ̃ʃ 'vwal]

Unterhaltung & Freizeit

Gesundheit & Notfälle

Apotheke

Wo ist bitte die nächste Apotheke?	**Où est la pharmacie la plus proche, s'il vous plaît?**	[u ɛ la farmasi la ply prɔʃ silvuplɛ]
Können Sie mir sagen, welche Apotheke heute Nachtdienst/Notdienst hat?	**Pouvez-vous me dire quelle pharmacie est de garde aujourd'hui?**	[puve vu mə dir kɛl farmasi ɛ də gard oʒurdɥi]
Ist diese Arznei rezeptpflichtig?	**Ce médicament est-il delivré uniquement sur ordonnance?**	[sə medikamã ɛtil delivre ynikəmã syr ɔrdɔnãs]
Verlangen Sie Nachtzuschlag?	**Faut-il payer un supplément de nuit?**	[fotil peje œ̃ syplemã də nɥi]
Wie viel kostet dieses Medikament?	**Combien coûte ce médicament?**	[kɔ̃bjẽ kut sə medikamã]
Geben Sie mir bitte etwas gegen ...	**Donnez moi quelque chose contre ...**	[done mwa kɛlkə ʃoz kɔ̃tr ...]
Können Sie mir ein Medikament gegen/zur Behandlung von ... empfehlen?	**Pouvez-vous me conseiller un médicament contre ...?**	[puve vu mə kɔ̃seje œ̃ medikamã kɔ̃tr ...]

Apotheke

Haben Sie denn auch ein pflanzliches Medikament?	**Avez-vous aussi un médicament à base de plantes?**	[ave vu osi œ̃ medikamɑ̃ a baz də plɑ̃t]
Können Sie mir dieses Medikament besorgen?	**Pouvez-vous me procurer ce médicament?**	[puve vu mə prokyre sə medikamɑ̃]
Wann kann ich das Medikament abholen?	**A quelle heure puis-je venir chercher le médicament?**	[a kɛl œr pɥiʒ vənir ʃerʃe lə medikamɑ̃]
Welche Nebenwirkungen könnte das Medikament verursachen?	**Quels sont les effets secondaires que ce médicament pourrait provoquer?**	[kɛl sɔ̃ le zefɛ səgɔ̃dɛr kə sə medikamɑ̃ purɛ prɔvɔke]
Ist das Medikament zur innerlichen oder äußerlichen Anwendung?	**Le médicament doit-il être pris par voie interne ou externe?**	[lə medikamɑ̃ dwa til ɛtr pri par vwa ɛ̃tɛrn u ɛkstɛrn]
Wie oft täglich muss ich es nehmen?	**Combien de fois par jours dois-je le prendre?**	[kɔ̃bjɛ̃ də fwa par ʒur dwaʒ lə prɑ̃dr]
Wie viel muss ich einnehmen?	**Combien dois-je en prendre?**	[kɔ̃bjɛ̃ dwaʒ ɑ̃ prɑ̃dr]

Gesundheit & Notfälle

Apotheke

Apotheke	pharmacie, la	[farma'si]
Apotheker/in	pharmacien, le/ pharmacienne, la	[farma'sjɛ̃/ farma'sjɛn]
auf nüchternen Magen	à jeun	[a ˈʒœ̃]
äußerlich	externe	[eks'tɛrn]
Binde	bande, la	[bɑ̃d]
dreimal täglich	trois fois par jour	[trwa fwa par ʒur]
Doktor	docteur, le	[dɔk'tœr]
Fieberthermometer	thermomètre, el	[tɛrmo'mɛtr]
innerlich	interne	[ɛ̃'tɛrn]
nach dem Essen	après le repas	[aprɛ lə rə'pa]
Nachtapotheke	pharmacie de garde, la	[farmasi də 'gard]
Nachtzuschlag	supplément de nuit, le	[syplemɑ̃ də 'nɥi]
Nebenwirkungen	effets secondaires, les	[efɛ səgɔ̃'dɛr]
Rezept	ordonnance, l'	[ɔrdɔ'nɑ̃s]
rezeptpflichtig	délivré uniquement sur ordonnance	[delivre ynikəmɑ̃ syr ɔrdo'nɑ̃s]
Risiken	risques, les	[risk]
Tropfen	gouttes, les	[gut]
Übelkeit	nausée, la	[no'ze]
vor dem Essen	avant le repas	[avɑ̃ lə rə'pa]
Verstopfung	constipation, la	[kɔ̃stipa'sjɔ̃]

Medikamente

Abführmittel	**laxatif, le**	[laksa'tif]
Antibabypille	**pilule anti-bébé, la**	[pilyl ɑ̃tibe'be]
Antibiotikum	**antibiotique, l'**	[ɑ̃tibjɔtik]
Aspirin	**aspirine, l'**	[aspi'rin]
Augentropfen	**gouttes pour les yeux, les**	[gut pur le z'jø]
Beruhigungsmittel	**calmant, le**	[kal'mɑ̃]
Brandsalbe	**pommade grasse, la**	[pɔmad 'gras]
Brechmittel	**vomitif, el**	[vɔmitif]
Desinfektionsmittel	**désinfectant, le**	[dezɛ̃fɛk'tɑ̃]
Elastikbinde	**bande élastique, la**	[bɑ̃d elas'tik]
fiebersenkendes Mittel	**fébrifuge, le**	[febri'fyʒ]
Halstabletten	**pastilles contre le mal de gorge, les**	[pastij kɔ̃tr lə mal də gɔrʒ]
Heftpflaster	**sparadrap, le**	[spara'dra]
Hustensaft	**sirop contre la toux, le**	[siro kɔ̃tr la 'tu]
Insektenmittel	**insecticide, l'**	[ɛ̃sɛkti'sid]
Insulin	**insuline, l'**	[ɛ̃sylin]
Jodtinktur	**teinture d'iode, la**	[tɛ̃tyr d'jɔd]
Kamillentee	**thé à la camomille, le**	[te a la kamo'mij]
Kohletabletten	**pastilles de charbon, les**	[pastij də ʃar'bɔ̃]

Gesundheit & Notfälle

Medikamente

Deutsch	Französisch	Aussprache
Kopfschmerztabletten	cachets contre le mal de tête, les	[kaʃe kɔ̃tr lə mal də 'tɛt]
Kreislaufmittel	fortifiant circulatoire, le	[fortifiɑ̃ sirkyla'twar]
Magentabletten	cachets contre les troubles gastriques, les	[kaʃe kɔ̃tr le trubl gas'trik]
Mullbinde	bande de gaz, la	[bɑ̃d də 'gaz]
Nasentropfen	gouttes pour le nez, les	[gut pur lə 'ne]
Ohrentropfen	gouttes pour les oreilles, les	[gut pur le zɔ'rɛj]
Rizinusöl	huile de ricin, l'	[ɥil də ri'sɛ̃]
Salbe	pommade, la	[pɔ'mad]
Schlaftablette	somnifère, le	[somni'fɛr]
Schmerztablette	antalgique, l'	[ɑ̃tal'ʒik]
Tabletten/Lutschtabletten	comprimés/pastilles, les	[kɔ̃pri'me/pastij]
Traubenzucker	glucose, la	[gly'koz]
Tropfen	gouttes, les	[gut]
Vaseline	vaseline, la	[vaz'lin]
Virus	virus, la	[virys]
Vitamintabletten	tablettes de vitamines, les	[tablɛt də vita'min]
Watte	ouate, l'	[wat]
Wundsalbe	pommade cicatrisante, la	[pɔmad sikatri'zɑ̃t]
Zäpfchen	suppositoire, le	[sypozi'twar]

Gesundheit & Notfälle

Arzt

Können Sie mir einen guten Arzt empfehlen?	**Pouvez-vous me conseiller un bon docteur?**	[puve vu mə kɔ̃seje œ̃ bɔ̃ dɔktœr]
Wann hat der Arzt Sprechstunde?	**Quels sont les heures de consultation?**	[kɛl sɔ̃ le zœr də kɔ̃syltasjɔ̃]
Wo ist die Praxis?	**Où est le cabinet médical?**	[u ɛ lə kabinɛ medi'kal]
Ich hätte gerne einen Termin.	**Je voudrais prendre un rendezvous.**	[ʒə vudrɛ prãdr œ̃ rãdevu]
Haben Sie einen Krankenschein?	**Avez-vous une feuille de prise en charge?**	[ave vu yn fœj də priz ã ʃarʒ]
Bei welcher Krankenkasse sind Sie versichert?	**Où êtes-vous assuré?**	[u ɛt vu zasyre]
Wo tut es weh?	**Où avez-vous mal?**	[u ave vu mal]
Öffnen Sie den Mund!	**Ouvrez la bouche!**	[uvre la buʃ]
Atmen Sie tief durch!	**Inspirez profondément!**	[ɛ̃spire profɔ̃demã]
Sind Sie gegen ... geimpft?	**Etes-vous vacciné contre ...?**	[ɛt vu vaksine kɔ̃tr ...]

Gesundheit & Notfälle

Arzt

Deutsch	Französisch	Aussprache
Es ist nichts Ernstes!	**Rien de grave!**	[rjẽ də grav]
Hier tut es weh.	**J'ai mal ici.**	[ʒɛ mal isi]
Ich habe starke/stechende Schmerzen.	**J'ai des douleurs fortes/lancinantes.**	[ʒɛ de dulœr fɔrt/lãsinãt]
Ich habe mich erkältet.	**Je suis enrhumé.**	[ʒə sɥi zãryme]
Ich bin gestochen/gebissen worden.	**Je me suis fait piquer/mordre.**	[ʒə mə sɥi fɛ pike/mɔrdr]
Ich habe Durchfall/Verstopfung.	**J'ai la diarrhée./Je suis constipé.**	[ʒɛ la djare/ʒə sɥi kɔ̃stipe]
Ich habe mir den Magen verdorben.	**Je me suis retourné l'estomac.**	[ʒə mə sɥi returne lɛstoma]
Ich habe einen hohen/niedrigen Blutdruck.	**Je souffre d'hypertension/d'hypotension.**	[ʒə sufr dipɛrtãsjɔ̃/dipotãsjɔ̃]
Ich bin gegen ... geimpft.	**Je suis vacciné contre ...**	[ʒə sɥi vaksine kɔ̃tr ...]
Ich bin gegen ... allergisch.	**Je suis allergique à ...**	[ʒə sɥi zalɛrʒik a ...]
Ich zahle privat.	**Je paie moi-même.**	[ʒɛ pai mwa mɛm]

Arzt

Ader	**veine, la**	[vɛn]
Arm	**bras, le**	[bra]
Atmung	**respiration, la**	[rɛspira'sjɔ̃]
Auge	**œil, l'**	[œj]
Bauch	**ventre, le**	[vɑ̃tr]
Bein	**jambe, la**	[ʒɑ̃b]
Blut	**sang, le**	[sɑ̃]
Blutdruck	**tension, la**	[tɑ̃'sjɔ̃]
Brust	**poitrine, la**	[pwa'trin]
Brustkorb	**cage thoracique, la**	[kaʒ tora'sik]
Darm	**intestin, l'**	[ɛ̃tɛs'tɛ̃]
Ellbogen	**coude, le**	[kud]
erste Hilfe	**premiers soins, les**	[prəmje swɛ̃]
Finger	**doigt, le**	[dwa]
Fuß	**pied, le**	[pje]
Gelenk	**articulation, l'**	[artikyla'sjɔ̃]
Geschlechts-organe	**organes sexuels, les**	[ɔrgan sɛk'sɥɛl]
Hals	**gorge, la**	[gɔrʒ]
Hand	**main, la**	[mɛ̃]
Handgelenk	**poignet, le**	[pwa'ɲɛ]
Haut	**peau, la**	[po]
Herz	**cœur, le**	[kœr]
Hüfte	**hanche, la**	[ɑ̃ʃ]
Kiefer	**mâchoire, la**	[mɑ'ʃwar]
Kinn	**menton, le**	[mɑ̃'tɔ̃]
Knie	**genoux, le**	[ʒə'nu]
Kniescheibe	**rotule, la**	[rɔ'tyl]
Knöchel	**cheville, la**	[ʃə'vij]
Knochen	**os, l'**	[os]

Gesundheit & Notfälle

Arzt

Kopf	tête, la	[tɛt]
Körper	corps, le	[kɔr]
Kreislauf	circulation, la	[sirkylaˈsjɔ̃]
Lunge	poumons, les	[puˈmɔ̃]
Magen	estomac, l'	[ɛstɔˈma]
Menstruation	menstruation, la	[mɑ̃strɥaˈsjɔ̃]
Mund	bouche, la	[buʃ]
Muskel	muscle, le	[myskl]
Nacken	cou, le	[ku]
Nagel	ongle, l'	[ɔ̃gl]
Nase	nez, le	[ne]
Nerv	nerf, le	[nɛr]
Niere	reins, les	[rɛ̃]
Ohr	oreille, l'	[ɔˈrɛj]
Rippe	côte, la	[kot]
Rücken	dos, le	[do]
Schädel	crâne, le	[krɑn]
Oberschenkel	cuisse, la	[kɥis]
Unterschenkel	mollet, le	[mɔˈlɛ]
Schienbein	tibias, le	[tiˈbia]
Schulter	épaule, l'	[eˈpol]
Stirn	front, le	[frɔ̃]
Stuhlgang	selle, la	[sɛl]
Termin	rendez-vous	[rɑ̃devu]
Urin	urine, l'	[yrin]
Verdauung	digestion, la	[diʒɛsˈtjɔ̃]
Wartezimmer	salle d'attente	[sal d'atɑ̃t]
Wirbelsäule	colonne vertébrale, la	[kɔlɔn vɛrteˈbral]
Zahn	dent, la	[dɑ̃]
Zehe	orteil, l'	[ɔrtɛj]
Zunge	langue, la	[lɑ̃g]

Gesundheit & Notfälle

Krankenhaus

Spricht hier vielleicht jemand Deutsch?	**Est-ce que quelqu'un parle allemand ici?**	[ɛskə kɛlkɛ̃ parl almɑ̃ isi]
Ich habe sehr starke Schmerzen.	**J'ai très mal.**	[ʒɛ trɛ mal]
Ich kann ... nicht bewegen.	**Je ne peux pas bouger mon/ma/mes ...**	[ʒə nə pø pa buʒe mɔ̃/ma/me ...]
Bitte benachrichtigen Sie meine Familie.	**Prévenez ma famille, s'il vous plaît.**	[prevəne ma famij silvuplɛ]
Ich möchte bitte ein Einzelzimmer.	**Je voudrais une chambre individuelle, s'il vous plaît.**	[ʒə vudrɛ yn ʃɑ̃br ɛ̃dividɥɛl silvuplɛ]
Ich nehme regelmäßig ...	**Je prends régulièrement ...**	[ʒə prɑ̃ regyljɛrmɑ̃ ...]
Ich vertrage diese Medikamente nicht.	**Je ne supporte pas ces médicaments.**	[ʒə nə sypɔrt pa se medikamɑ̃]
Ich hatte gerade einen Unfall.	**Je viens d'avoir un accident.**	[ʒə vjɛ̃ davwar œ̃ naksidɑ̃]
Wie lautet die Diagnose?	**Quel est votre diagnostique?**	[kɛl ɛ vɔtr djagnɔstik]

Gesundheit & Notfälle

Krankenhaus

Deutsch	Französisch	Aussprache
Wie lange muss ich hier bleiben?	**Combien de temps dois-je rester?**	[kɔ̃bjɛ̃ də tɑ̃ dwaʒ rɛste]
Muss ich operiert werden?	**Faut-il que je me fasse opérer?**	[fotil kə ʒə mə fas ɔpere]
Sie werden am ... um ... operiert.	**Vous serez opéré le ... à ... heures.**	[vu səre ɔpere lə ... a ... œr]
Ich möchte in Deutschland operiert werden!	**Je veux être opéré an Allemagne!**	[ʒə vø zɛtr ɔpere ɑ̃ nalmaɲ]
Wann kommt der Doktor zur Visite?	**A quelle heure est-ce que le docteur fait-il ses visites?**	[a kɛl œr ɛskə lə dɔktœr fɛ til se vizit]
Ist es etwas Ernstes?	**Est-ce que c'est grave?**	[ɛskə sɛ grav]
Geben Sie mir bitte ein Schmerz-/Schlafmittel.	**Donnez-moi un calmant/somnifère, s'il vous plaît.**	[ɛ̃firmjɛr done mwa œ̃ kalmɑ̃/sɔmnifer silvuplɛ]
Ich brauche eine Urinprobe.	**J'ai besoin d'une analyse d'urine.**	[ʒɛ bəswɛ̃ dyn analiz dyrin]
Wann darf ich aufstehen/ausgehen?	**Quand pourrai-je me lever/sortir?**	[kɑ̃ pureʒ mə ləve/sɔrtir]
Wie sind hier die Besuchszeiten?	**Quelles sont les heures de visite?**	[kɛl sɔ̃ le zœr də vizit]

Gesundheit & Notfälle

Krankenhaus

Abtreibung	avortement, l'	[avɔrtə'mã]
Assistenzarzt	interne des hôpitaux, l'	[ɛ̃tɛrn de zɔpi'to]
Beruhigungsmittel	calmant, le	[kal'mã]
Besuchszeit	heures de visite, les	[œr də vi'zit]
Blutbild	hémogramme, l'	[emo'gram]
Bluttransfusion	transfusion sanguine, la	[trãsfyzjɔ̃ sã'gin]
Chefarzt	médecin-chef, le	[medsɛ̃ 'ʃɛf]
Chirurg	chirurgien, le	[ʃiryr'ʒjɛ̃]
durchleuchten	radiographier	[radjogra'fje]
entlassen	laisser sortir	[lese sɔr'tir]
Entlassungsschein	certificat de sortie, le	[sɛrtifika də sɔr'ti]
Geburt	naissance, la	[nɛsãs]
Intensivstation	service de soins intensifs, le	[sɛrvis də swɛ̃ ɛ̃tã'sif]
Krankenbett	lit d'hôpital, le	[li dɔpi'tal]
Krankenhaus	hôpital, l'	[ɔpital]
Krankenschwester	infirmière, l'	[ɛ̃fir'mjɛr]
Krankenwagen	ambulance, l'	[ãby'lãs]
Krankenzimmer	chambre d'hôpital, la	[ʃãbr dɔpi'tal]
Nachtdienst	service de nuit, le	[sɛrvis də nɥi]
Nachttopf	pot de chambre, le	[po də ʃãbr]

Gesundheit & Notfälle

Krankenhaus

Narkose	**narcose, la**	[nar'koz]
Notaufnahme	**urgence, l'**	[yr'ʒãs]
Operation	**opération, l'**	[opera'sjɔ̃]
Operationssaal	**salle d'opération, la**	[sal dopera'sjɔ̃]
operieren	**opérer**	[ope're]
Patient(in)	**patient, le/e, la**	[pa'sjã/pa'sjãt]
Röntgenaufnahme	**radiographie, la**	[radjogra'fi]

> **INFO**
>
> Wenn Sie in einem Mitgliedsstaat der EU sozialversichert sind und ein Internationales Sozialversicherungsformular E 111 dabei haben, werden Ihnen Ihre Arztkosten bei Ihrer Rückkehr erstattet. Dennoch ist es, wie für Besucher aus Drittländern, empfehlenswert, eine Reiseversicherung abzuschließen. So können Sie sicher sein, dass die Versicherung Ihre Rückholung nach Hause übernimmt und die Krankheits- oder Klinikkosten trägt.

Sanitäter	**secouriste, le**	[səku'rist]
Schlaftablette	**somnifère, le**	[sɔmni'fɛr]
Schmerzmittel	**calmant, le**	[kal'mã]
Spritze	**piqûre, la**	[pi'kyr]
Station	**service, le**	[sɛr'vis]
Temperatur	**température, la**	[tãpera'tyr]
Therapie	**thérapie, la**	[tera'pi]
untersuchen	**examiner**	[ɛgzami'ne]
Untersuchung	**examen, l'**	[ɛgza'mɛ̃]
Urinprobe	**analyse d'urine, l'**	[analiz dy'rin]
Visite	**visite, la**	[vizit]

Gesundheit & Notfälle

Krankheiten

Deutsch	Französisch	Aussprache
Aids	sida, le	[si'da]
Asthma	asthme, l'	[asm]
Diabetes	diabète, le	[dja'bɛt]
Fieber	fièvre, la	[fjɛvr]
Gelbsucht	jaunisse, la	[ʒo'nis]
Grippe	grippe, la	[grip]
Halsschmerzen	maux de gorge, les	[mo də 'gɔrʒ]
Husten	toux, la	[tu]
Herzanfall	attaque cardiaque, l'	[atak kar'djak]
Kolik	colique, la	[ko'lik]
Kopfschmerzen	maux de tête, les	[mo də 'tɛt]
Krebs	cancer, le	[kɑ̃'sɛr]
Lungenentzündung	pneumonie, la	[pnømo'ni]
Magenschmerzen	maux d'estomac, les	[mo desto'ma]
Mandelentzündung	amygdalite, l'	[amida'lit]
Masern	rougeole, la	[ru'ʒɔl]
Migräne	migraine, la	[mi'grɛn]
Mittelohrentzündung	otite moyenne, l'	[otit mwa'jɛn]
Schlaganfall	attaque apoplectique, l'	[atak apɔplɛktik]
Schnupfen	rhume, le	[rym]
Übelkeit	nausée, la	[no'ze]
Verdauungsstörung	troubles digestifs, les	[trubl diʒɛs'tif]
Vergiftung	intoxication, l'	[ɛ̃tɔksika'sjɔ̃]

Gesundheit & Notfälle

Polizei

Hilfe!	**A l'aide!**	[a lɛd]
Polizei!	**Police!**	[po'lis]
Wo ist das nächste Polizeirevier?	**Où est le commissariat de police le plus proche?**	[u ɛ lə komisarja də polis lə ply prɔʃ]
Bitte rufen Sie schnell die Polizei!	**Appelez la police, vite!**	[apəle la polis vit]
Können Sie mir bitte helfen?	**Pouvez-vous m'aider, s'il vous plaît?**	[puve vu mede silvuplɛ]
Gibt es hier vielleicht jemanden, der Deutsch spricht?	**Est-ce que quelqu'un parle allemand ici?**	[ɛskə kɛlkɛ̃ parl almɑ̃ isi]
Ich möchte einen Diebstahl/Verlust/Unfall melden.	**Je voudrais signaler un vol/une perte/un accident.**	[ʒə vudrɛ siɲale œ̃ vɔl/yn pɛrt/œ̃ naksidɑ̃]
Mir ist die Handtasche/die Brieftasche/mein Fotoapparat/mein Auto gestohlen worden.	**Je me suis fait voler mon sac à main/mon portefeuille/mon appareil photo/ma voiture.**	[ʒə mə sɥi fɛ vole mɔ̃ sak a mɛ̃/mɔ̃ pɔrtəfœj/mɔ̃ naparɛj foto/ma vwatyr]
Ich möchte ... anzeigen.	**Je voudrais porter plainte contre ...**	[ʒə vudrɛ pɔrte plɛ̃t kɔ̃tr ...]

Gesundheit & Notfälle

Polizei

Ich bin überfallen worden.	**Je me suis fait agresser.**	[ʒə mə sɥi fɛ agrese]
Ich bin betrogen worden.	**Je me suis fait escroquer.**	[ʒə mə sɥi fɛ eskrɔke]
Ich wurde zusammengeschlagen.	**Je me suis fait frapper.**	[ʒə mə sɥi fɛ frape]
Ich habe ... verloren.	**J'ai perdu ...**	[ʒɛ pɛrdy ...]
Mein Auto ist aufgebrochen worden.	**Ma voiture a été fracturée.**	[ma vwatyr a ete fraktyre]
Kann ich bitte mal telefonieren?	**Est-ce que je peux téléphoner, s'il vous plaît?**	[ɛskə ʒə pø telefɔne silvuplɛ]
Können Sie mir bitte beim Ausfüllen dieses Formulars helfen?	**Pouvez-vous m'aider à remplir ce formulaire, s'il vous plaît?**	[puve vu mede a rãplir sə fɔrmylɛr silvuplɛ]
Ich habe den Verlust erst/bereits ... bemerkt.	**Je n'ai remarqué la perte qu'au moment où/qu'alors que ...**	[ʒə nɛ rəmarke la pɛrt ko momã u/ kalɔr kə ...]
Ich bin unschuldig.	**Je suis innocent.**	[ʒə sɥi zinosã]

Gesundheit & Notfälle

Polizei

Ich möchte mit einem Anwalt sprechen.	**Je veux voir un avocat.**	[ʒə vø vwar œ̃ navoka]
Ich möchte die deutsche Botschaft anrufen.	**Je veux appeler l'ambassade d'Allemagne.**	[ʒə vø zapəle lãbasad dalmaɲ]
Ich erkenne den Mann/die Frau wieder.	**Je reconnais cet homme/cette femme.**	[ʒə rəkɔnɛ sɛt ɔm/ sɛt fam]
Ich habe mich an die Verkehrsregeln gehalten.	**J'ai respecté le code de la route.**	[ʒɛ rɛspɛkte lə kɔd də la rut]
Ich bin ... km/h gefahren.	**J'ai roulé à ... km/h.**	[ʒɛ rule a ... kilɔmɛtr a lœr]
Füllen Sie nun bitte dieses Formular aus.	**Remplissez ce formulaire, s'il vous plaît.**	[rãplise sə fɔrmylɛr silvuplɛ]
Wo wohnen Sie hier im Augenblick?	**Où habitez-vous pour l'instant?**	[u abite vu pur lɛ̃stã]
Haben Sie Ihren Pass dabei?	**Avez-vous votre passeport sur vous?**	[ave vu vɔtr paspɔr syr vu]
Gab es dabei Zeugen?	**Y avait-il des témoins?**	[iavɛ til de temwɛ̃]

Polizei

Anzeige	plainte, la	[plɛ̃t]
Armbanduhr	montre, la	[mɔ̃tr]
Armband	bracelet, le	[bras'lɛ]
aufbrechen	enfoncer	[ɑ̃fɔ̃se]
Auto	voiture, la	[vwa'tyr]
Autoradio	autoradio, l'	[oto'radjo]
Autoschlüssel	clef de voiture, la	[kle də vwa'tyr]
belästigen	importuner	[ɛ̃pɔrty'ne]
Belästigung	gêne, la	[ʒɛ'ne]
beschlagnahmen	saisir	[sɛ'zir]
Brieftasche	portefeuille, le	[pɔrtə'fœj]
Dieb	voleur, le	[vo'lœr]
Diebstahl	vol, le	[vɔl]
Einbrecher	cambrioleur, le	[kɑ̃brijo'lœr]
Einbruch	cambriolage, le	[kɑ̃brijo'laʒ]
Entführung	enlèvement, l'	[ɛ̃lɛvə'mɑ̃]
Erpressung	chantage, le	[ʃɑ̃'taʒ]
Fahrerflucht	délit de fuite, le	[deli də 'fɥit]
Formular	formulaire, le	[fɔrmy'lɛr]
Fotoapparat	appareil photo, l'	[aparɛj fo'to]

Führerschein	permis de conduire, le	[pɛrmi də kɔdɥir]
Gefängnis	prison, la	[pri'zɔ̃]
Geld	argent, l'	[ar'ʒɑ̃]
Geldbörse	porte-monnaie, le	[pɔrt mɔ'nɛ]
Gericht	tribunal, le	[triby'nal]
gestohlen	volé	[vo'le]
Gewalttäter	criminel, le	[krimi'nɛl]

Gesundheit & Notfälle

Polizei

gewalttätig	**violent**	[vjo'lã]
Haft	**détention, la**	[detã'sjõ]
Handschellen	**menottes, les**	[mə'nɔt]
Handtasche	**sac à main, le**	[sak a 'mẽ]
illegal	**illégal**	[illegal]
Kaution	**caution, la**	[ko'sjõ]
Konsulat	**consulat, le**	[kõsy'la]
Kriminalpolizei	**police criminelle, la**	[polis krimi'nɛl]
Opfer	**victime, la**	[viktim]
Papiere	**papiers, les**	[pa'pje]
Personalausweis	**carte d'identité, la**	[kart didãti'te]
Polizei	**police, la**	[po'lis]
Polizeiwagen	**voiture de police, la**	[vwatyr də po'lis]

INFO

Notrufnummern:

SAMU (medizinischer Notdienst, Unfall): 15
Polizei: 17
Feuerwehr: 18
Europäischer Notruf: 112
S.O.S. Ärzte (Paris) 33 (0) 1 47 07 77 77
S.O.S. Apotheken (Paris : 33 (0) 1 45 00 35 00
S.O.S. (English Language crisis line):
33 (0) 1 47 23 80 80

Polizist/-in	**policier, le/ière, la**	[poli'sje/jɛr]
Prügelei	**bagarre, la**	[ba'gar]
Rauschgift	**drogue, la**	[drɔg]

Gesundheit & Notfälle

Polizei

Rechtsanwalt/-anwältin	**avocat/e, l'**	[avo'ka/t]
Reisepass	**passeport, le**	[pas'pɔr]
Richter	**juge, le**	[ʒyʒ]
Scheckbetrug	**émission d'un chèque en bois, l'**	[emisjɔ̃ dœ̃ ʃɛk ɑ̃ 'bwa]
Scheckkarte	**carte bancaire, la**	[kart bɑ̃'kɛr]
Schlüssel	**clef, la**	[kle]
Schmuck	**bijoux, les**	[bi'ʒu]
Schuld	**faute, la**	[fot]
Schusswaffe	**arme à feu, l'**	[arm a 'fø]
Tasche	**sac, le**	[sak]
Taschendieb	**pickpocket, le**	[pikpo'kɛt]
Trickbetrüger	**escroc, l'**	[ɛs'kro]
Überfall	**agression, l'**	[agrɛs'jɔ̃]
Unfall	**accident, l'**	[aksi'dɑ̃]
unschuldig	**innocent**	[ino'sɑ̃]
Untersuchung	**enquête, l'**	[ɑ̃'kɛt]
Urteil	**verdict, le**	[vɛr'dikt]
Verbrechen	**crime, le**	[krim]
Vergewaltigung	**viol, le**	[vjɔl]
verhaften	**arrêter**	[are'te]
Verkehrsunfall	**accident de la circulation, l'**	[aksidɑ̃ də la sirky'lasjɔ̃]
Verkehrswidrigkeit	**infraction au code de la route, l'**	[ɛ̃fraksjɔ̃ o kɔd də la 'rut]
verlieren	**perdre**	[pɛrdr]
verprügeln	**rouer de coups**	[rwe də 'ku]
Zeuge	**témoin, le**	[tem'wɛ̃]

Gesundheit & Notfälle

Unfallprotokoll

Unfallprotokoll	constat, le	[kɔ̃'sta]
Unfallort	lieu de l'accident, le	[ljø də laksi'dã]
Tag	jour, le	[ʒur]
Unfallzeit	heure de l'accident, l'	[œr də laksi'dã]
Unfallbeteiligte	personnes accidentées, les	[pɛrsɔn zaksidã'te]
Fahrzeug	vehicule, le	[vei'kyl]
Verletzungen	blessures, les	[blɛs'yr]
Name und Anschrift des Halters (der Halterin)	nom et adresse de l'assuré(e)	[nɔ̃ e adrɛs də lasy're]
Versicherung	assurance, l'	[asy'rãs]
Versicherungsnummer	numéro de police d'assurance, le	[nymero də polis dasy'rãs]
Fahrzeugschäden	dégâts du véhicule, les	[dega dy vei'kyl]
Fahrzeuginsassen	passagers, les	[pasa'ʒe]
Zeugen	témoins, les	[tem'wɛ̃]
aufnehmende Polizeidienststelle	commissariat compétant, le	[komisarja kɔ̃pe'tã]
Ort	endroit, l'	[ã'drwa]
kurze Schilderung des Unfallverlaufs	brève explication du déroulement de l'accident, la	[brɛv eksplikasjɔ̃ dy deruləmã də laksi'dã]

Gesundheit & Notfälle

Daten & Fakten

Die wichtigsten Zahlen

eins	**un**	[œ̃]
zwei	**deux**	[dø]
drei	**trois**	[trwa]
vier	**quatre**	[katr]
fünf	**cinq**	[sɛ̃k]
sechs	**six**	[sis]
sieben	**sept**	[sɛt]
acht	**huit**	[ɥit]
neun	**neuf**	[nœf]
zehn	**dix**	[dis]
elf	**onze**	[ɔ̃z]
zwölf	**douze**	[duz]
dreizehn	**treize**	[trɛz]
vierzehn	**quatorze**	[ka'tɔrz]
fünfzehn	**quinze**	[kɛ̃z]
sechzehn	**seize**	[sɛz]
siebzehn	**dix-sept**	[di 'sɛt]
achtzehn	**dix-huit**	[di 'ɥit]
neunzehn	**dix-neuf**	[diz 'nœf]
zwanzig	**vingt**	[vɛ̃]
einundzwanzig	**vingt et un**	[vɛ̃te 'ɛ̃]
zweiundzwanzig	**vingt-deux**	[vɛ̃t 'dø]
dreiundzwanzig	**vingt-trois**	[vɛ̃t 'trwa]
vierundzwanzig	**vingt-quatre**	[vɛ̃t 'katr]
fünfundzwanzig	**vingt-cinq**	[vɛ̃t 'sɛ̃k]
sechsundzwanzig	**vingt-six**	[vɛ̃t 'sis]
siebenundzwanzig	**vingt-sept**	[vɛ̃t 'sɛt]
achtundzwanzig	**vingt-huit**	[vɛ̃t 'ɥit]
neunundzwanzig	**vingt-neuf**	[vɛ̃t 'nœf]
dreißig	**trente**	[trɑ̃t]

Daten & Fakten

Die wichtigsten Zahlen

einunddreißig	**trente et un**	[trɑ̃te 'ɛ̃]
zweiunddreißig	**trente-deux**	[trɑ̃t 'dø]
dreiunddreißig	**trente-trois**	[trɑ̃t 'trwa]
vierunddreißig	**trente-quatre**	[trɑ̃t 'katr]
fünfunddreißig	**trente-cinq**	[trɑ̃t 'sɛ̃k]
sechsunddreißig	**trente-six**	[trɑ̃t 'sis]
siebenunddreißig	**trente-sept**	[trɑ̃t 'sɛt]
achtunddreißig	**trente-huit**	[trɑ̃t 'ɥit]
neununddreißig	**trente-neuf**	[trɑ̃t 'nœf]
vierzig	**quarante**	[ka'rɑ̃t]
einundvierzig	**quarante et un**	[karɑ̃te 'ɛ̃]
zweiundvierzig	**quarante-deux**	[karɑ̃t 'dø]
dreiundvierzig	**quarante-trois**	[karɑ̃t 'trwa]
vierundvierzig	**quarante-quatre**	[karɑ̃t 'katr]
fünfundvierzig	**quarante-cinq**	[karɑ̃t 'sɛ̃k]
sechsundvierzig	**quarante-six**	[karɑ̃t 'sis]
siebenundvierzig	**quarante-sept**	[karɑ̃t 'sɛt]
achtundvierzig	**quarante-huit**	[karɑ̃t 'ɥit]
neunundvierzig	**quarante-neuf**	[karɑ̃t 'nœf]
fünfzig	**cinquante**	[sɛ̃'kɑ̃t]
sechzig	**soixante**	[swa'sɑ̃t]
siebzig	**soixante-dix**	[swasɑ̃t 'dis]
achtzig	**quatre-vingts**	[katrə'vɛ̃]
neunzig	**quatre-vingt-dix**	[katrəvɛ̃ dis]
einhundert	**cent**	[sɑ̃]
zweihundert	**deux cents**	[dø 'sɑ̃]
dreihundert	**trois cents**	[trwa 'sɑ̃]
vierhundert	**quatre cents**	[katr 'sɑ̃]
fünfhundert	**cinq cents**	[sɛ̃k 'sɑ̃]
sechshundert	**six cents**	[si 'sɑ̃]
siebenhundert	**sept cents**	[sɛt 'sɑ̃]

Die wichtigsten Zahlen

achthundert	**huit cents**	[ɥi 'sɑ̃]
neunhundert	**neuf cents**	[nœf 'sɑ̃]
eintausend	**mille**	[mil]
zweitausend	**deux mille**	[dø 'mil]
dreitausend	**trois mille**	[trwa 'mil]
viertausend	**quatre mille**	[katr 'mil]
fünftausend	**cinq mille**	[sɛ̃k 'mil]
sechstausend	**six mille**	[si 'mil]
siebentausend	**sept mille**	[sɛt 'mil]
achttausend	**huit mille**	[ɥi 'mil]
neuntausend	**neuf mille**	[nœf 'mil]
zehntausend	**dix mille**	[di 'mil]
einhunderttausend	**cent mille**	[sɑ̃ 'mil]
fünfhunderttausend	**cinq cents mille**	[sɛ̃ sɑ̃ 'mil]
eine Million	**un million**	[œ̃ mi'ljɔ̃]
ein Halb	**un demi**	[œ̃ də'mi]
ein Viertel	**un quart**	[œ̃ kar]
ein Achtel	**un huitième**	[œ̃ ɥi'tjɛm]

Maße und Gewichte

Millimeter	**millimètre**	[mili'mɛtr]
Zentimeter	**centimètre**	[sãti'mɛtr]
Dezimeter	**décimètre**	[desi'mɛtr]
Meter	**mètre**	[mɛtr]
Kilometer	**kilomètre**	[kilo'mɛtr]
Yard	**yard**	[jard]
Fuß	**pied**	[pje]
Zoll	**pouce**	[pus]
Meile	**mille**	[mil]
Milligramm	**milligramme**	[mili'gram]
Gramm	**gramme**	[gram]
Pfund	**livre**	[livr]
Kilo	**kilo**	[ki'lo]
Zentner	**demi-quintal**	[dəmi kẽ'tal]
Tonne	**tonne**	[tɔn]
Milliliter	**millilitre**	[mili'litr]
Liter	**litre**	[litr]
Hektoliter	**hectolitre**	[ekto'litr]
1 Dutzend	**une douzaine**	[yn duzɛn]
100 gr	**cent grammes**	[sã gram]
1/2 kg	**un demi kilo**	[œ̃ dəmi kilo]
1/2 l	**un demi litre**	[œ̃ dəmi litr]
10 Stück	**dix pièces**	[di pjɛs]

Daten & Fakten

Uhrzeit und Datum

Wie viel Uhr ist es?	**Quelle heure est-il?**	[kɛl œr ɛtil]
ein Uhr	**une heure**	[yn 'œr]
zwei Uhr	**deux heures**	[dø z'œr]
drei Uhr	**trois heures**	[trwa z'œr]
vier Uhr	**quatre heures**	[katr 'œr]
fünf Uhr	**cinq heures**	[sɛ̃k 'œr]
sechs Uhr	**six heures**	[si z'œr]
sieben Uhr	**sept heures**	[sɛt 'œr]
acht Uhr	**huit heures**	[ɥit 'œr]
neun Uhr	**neuf heures**	[nœv 'œr]
zehn Uhr	**dix heures**	[diz 'œr]
elf Uhr	**onze heures**	[ɔ̃z 'œr]
zwölf Uhr	**midi**	[mi'di]
dreizehn Uhr	**treize heures**	[trɛz 'œr]
vierzehn Uhr	**quatorze heures**	[katɔrz 'œr]
fünfzehn Uhr	**quinze heures**	[kɛ̃z 'œr]
sechszehn Uhr	**seize heures**	[sɛz 'œr]
siebzehn Uhr	**dix-sept heures**	[disɛt 'œr]
achtzehn Uhr	**dix huit heures**	[dizɥit 'œr]
neunzehn Uhr	**dix neuf heures**	[diz nœv 'œr]
zwanzig Uhr	**vingt heures**	[vɛ̃ tœr]
einundzwanzig Uhr	**vingt et une heures**	[vɛ̃te yn 'œr]
zweiundzwanzig Uhr	**vingt deux heures**	[vɛ̃t dɔ z'œr]
dreiundzwanzig Uhr	**vingt trois heures**	[vɛ̃t trwa z'œr]
vierundzwanzig Uhr	**minuit**	[mi'nɥi]
10 nach eins	**une heure dix**	[yn œr 'dis]

Daten & Fakten

Uhrzeit und Datum

Viertel nach eins	**une heure et quart**	[yn œr e ˈkar]
20 Minuten nach eins	**une heure vingt**	[yn œr ˈvẽ]
Halb eins	**midi et demi**	[midi e dəˈmi]
20 Minuten vor eins	**une heure moins vingt**	[yn œr mwẽ ˈvẽ]
Viertel vor eins	**une heure moins le quart**	[yn œr mwẽ lə ˈkar]
12 Uhr mittags	**midi**	[miˈdi]
Mitternacht	**minuit**	[miˈnɥi]
erster	**premier**	[prəˈmje]
zweiter	**deuxième**	[døˈzjɛm]
dritter	**troisième**	[trwaˈzjɛm]
vierter	**quatrième**	[katriˈjɛm]
fünfter	**cinquième**	[sẽˈkjɛm]
sechster	**sixième**	[siˈzjɛm]
siebter	**septième**	[sɛtˈjɛm]
achter	**huitième**	[ɥitˈjɛm]
neunter	**neuvième**	[nœˈvjɛm]
zehnter	**dixième**	[diˈzjɛm]
elfter	**onzième**	[ɔ̃ˈzjɛm]
zwölfter	**douzième**	[duˈzjɛm]
dreizehnter	**treizième**	[trɛˈzjɛm]
vierzehnter	**quatorzième**	[katɔrˈzjɛm]
fünfzehnter	**quinzième**	[kẽˈzjɛm]
sechzehnter	**seizième**	[sɛˈzjɛm]
siebzehnter	**dix-septième**	[disɛˈtjɛm]
achtzehnter	**dix-huitième**	[dizɥiˈtjɛm]
neunzehnter	**dix-neuvième**	[diznœˈvjɛm]
zwanzigster	**vingtième**	[vẽˈtjɛm]
einundzwanzigster	**vingt et unième**	[vẽte ynˈjɛm]

Daten & Fakten

Uhrzeit und Datum

zweiundzwanzigster	**vingt-deuxième**	[vɛ̃t dø'zjɛm]
dreiundzwanzigster	**vingt-troisième**	[vɛ̃t trwa'zjɛm]
vierundzwanzigster	**vingt-quatrième**	[vɛ̃t katri'jɛm]
fünfundzwanzigster	**vingt-cinquième**	[vɛ̃t sɛ̃'kjɛm]
sechsundzwanzigster	**vingt-sixième**	[vɛ̃t si'zjɛm]
siebenundzwanzigster	**vingt-septième**	[vɛ̃t sɛ'tjɛm]
achtundzwanzigster	**vingt-huitième**	[vɛ̃t ɥi'tjɛm]
neunundzwanzigster	**vingt-neuvième**	[vɛ̃t nœ'vjɛm]
dreißigster	**trentième**	[trɑ̃'tjɛm]
einunddreißigster	**trente et unième**	[trɑ̃te y'njɛm]
Minute	**minute, la**	[min'yt]
Stunde	**heure, l'**	[œr]
Tag	**jour, le**	[ʒur]
Heute ist der 31. März 2002.	**Aujourd'hui, nous sommes le 31 mars 2002.**	[oʒurdɥi nu sɔm lə trɑ̃te ɑ̃̃ mars dø mil dø]
Gestern war der 4. Dezember.	**Hier, c'était le 4 décembre.**	[ijɛr setɛ lə katr desɑ̃br]
Geboren am 14. Juli.	**Né le 14 juillet.**	[ne lə katɔrz ʒɥijɛ]
Nächste Woche, am 1. Mai.	**La semaine prochaine, le 1er mai.**	[la səmɛn prɔʃɛn lə prəmje mɛ]
In der nächsten Woche haben wir den 22. Februar.	**Le 22 février sera la semaine prochaine.**	[lə vɛ̃tdø fevrije səra la səmɛn prɔʃɛn]

Daten & Fakten

Tage und Monate

Montag	**lundi**	[lɛ̃'di]
Dienstag	**mardi**	[mar'di]
Mittwoch	**mercredi**	[mɛrkrə'di]
Donnerstag	**jeudi**	[ʒø'di]
Freitag	**vendredi**	[vãdre'di]
Samstag	**samedi**	[sam'di]
Sonntag	**dimanche**	[di'mãʃ]
übermorgen	**après demain**	[aprɛ də'mɛ̃]
vorgestern	**avant-hier**	[avãt'jɛr]

INFO

Wichtige Feiertage in Frankreich:

le jour de l'an	*Neujahr*
Pâques	*Ostern*
l'Ascension	*Himmelfahrt*
la Pentecôte	*Pfingsten*
le 14 juillet	*Nationalfeiertag (14. Juli)*
la veille de Noel	*Heiligabend*
la Saint-Sylvestre	*Silvester*

täglich	**quotidiennement**	[kɔtidjɛn'mã]
wöchentlich	**hebdomadaire**	[ɛbdoma'dɛr]
monatlich	**mensuel**	[mã'sɥɛl]
jährlich	**annuel**	[a'nɥɛl]
Vormittag	**matin, le**	[ma'tɛ̃]
Nachmittag	**après-midi, l'**	[aprɛ mi'di]
vormittags	**le matin**	[lə ma'tɛ̃]
nachmittags	**l'après-midi**	[laprɛ mi'di]
am Morgen	**le matin**	[lə ma'tɛ̃]
am Abend	**le soir**	[lə swar]

Daten & Fakten

Tage und Monate

in der Nacht	**la nuit**	[la nɥi]
tagsüber	**la journée**	[la ʒur'ne]
abends	**le soir**	[lə swar]
nachts	**la nuit**	[la nɥi]
Frühling	**printemps, le**	[prɛ̃'tɑ̃]
Sommer	**été, l'**	[e'te]
Herbst	**automne, l'**	[o'tɔn]
Winter	**hiver, l'**	[i'vɛr]
Januar	**janvier**	[ʒɑ̃'vje]
Februar	**février**	[fevri'je]
März	**mars**	[mars]
April	**avril**	[av'ril]
Mai	**mai**	[mɛ]
Juni	**juin**	[ʒɥɛ̃]
Juli	**juillet**	[ʒɥi'jɛ]
August	**août**	[ut]
September	**septembre**	[sɛp'tɑ̃br]
Oktober	**octobre**	[ɔk'tɔbr]
November	**novembre**	[no'vɑ̃br]
Dezember	**décembre**	[de'sɑ̃br]
im Juli	**au mois de juillet**	[o mwa də ʒɥijɛ]
Anfang November	**début novembre**	[deby no'vɑ̃br]
Mitte März	**mi-mars**	[mi mars]
Ende Januar	**fin janvier**	[fɛ̃ ʒɑ̃'vje]
Quartal	**trimestre, le**	[trim'ɛstr]
Halbjahr	**semestre, le**	[səm'ɛstr]
Semester	**semestre, le**	[səm'ɛstr]
Jahr	**année, l'**	[ane]

Daten & Fakten

Wetter und Temperatur

bewölkt	**nuageux**	[nya'ʒø]
Brise, leichte	**brise légère, la**	['briz le ʒɛr]
eiskalt	**glacial**	[gla'sjal]
erträglich	**supportable**	[sypɔr'tabl]
Föhn	**fœhn, le**	[føn]
Frost	**gelée, la**	[ʒəle]
Gewitter	**tempête, la**	[tɑ̃'pɛt]
glatt	**glissant**	[gli'sɑ̃]
Grad	**degré, le**	[də'gre]
heiß	**chaud**	[ʃo]
Himmel, klarer	**ciel dégagé, le**	[sjɛl dega'ʒe]
Hitze	**chaleur, la**	[ʃa'lœr]
kalt	**froid**	[frwa]
Kälte	**froid, le**	[frwa]
lau	**tiède**	[tjɛd]
nasskalt	**froid et humide**	[frwa e ymid]
nebelig	**brumeux**	[bry'mø]
regnerisch	**pluvieux**	[ply'vjø]
Reif	**givre, le**	[ʒivr]
Schatten	**ombre, l'**	[ɔ̃br]
Schneesturm	**tempête de neige, la**	[tɑ̃pɛt də 'nɛʒ]
Sonne, brennende	**canicule, la**	[kani'kyl]
stürmisch	**de la tempête**	[də la tɑ̃'pɛt]
Tau	**rosée, la**	[ro'ze]
Unwetter	**tempête, la**	[tɑ̃'pɛt]
warm	**chaud**	[ʃo]
wechselhaft	**changeant**	[ʃɑ̃'ʒɑ̃]
Wind	**vent, le**	[vɑ̃]
windig	**venteux**	[vɑ̃'tø]
windstill	**temps calme, le**	[tɑ̃ 'kalm]

Daten & Fakten

Wetter und Temperatur

Wie wird das Wetter?	**Quel temps fera-t-il?**	[kɛl tã fəra til]
Heute ist es sehr heiß!	**Il fait très chaud aujourd'hui!**	[il fɛ trɛ ʃo oʒurdɥi]
Es ist zu heiß!	**Il fait trop chaud!**	[il fɛ tro ʃo]
Bleibt es so?	**Le temps restera-t-il comme cela?**	[lə tã ʀɛstəra til kɔm səla]
Es soll bald regnen!	**Il parait qu'il va bientôt pleuvoir!**	[il paʀɛ kil va bjẽto pləvwar]
Es wird Sturm erwartet!	**Une tempête est prévue!**	[yn tãpɛt ɛ prevy]
Es soll neblig werden.	**Il parait qu'il fera du brouillard.**	[il paʀɛ kil fəra dy bʀujaʀ]
Es wird aufklaren.	**Cela va se dégager.**	[səla va sə degaʒe]
5 Grad	**cinq degrés**	[sẽk də'gre]
10 Grad	**dix degrés**	[di də'gre]
15 Grad	**quinze degrés**	[kẽz də'gre]
20 Grad	**vingt degrés**	[vẽ də'gre]
25 Grad	**vingt-cinq degrés**	[vẽtsẽk də'gre]
30 Grad	**trente degrés**	[trãt də'gre]
35 Grad	**trente-cinq degrés**	[trãt sẽk də'gre]
40 Grad	**quarante degrés**	[karãt də'gre]

Wörterbuch für die Reise

Deutsch-Französisch

Aal anguille, l'
abbiegen tourner
Abbildung représentation, la
Abblendlicht feux de croisement, les
abbrechen abandonner
Abend soir, le
Abendessen dîner, le *84 ff.*
Abenteuer aventure, l'
aber mais
abfahren partir
Abfahrt départ, le *39 ff.*
Abfall déchets, les
Abflug départ, le *51 ff.*
Abfluss écoulement, l'
Abführmittel laxatif, le
Abgang sortie, la
abgeben remettre
abhalten retenir
abholen chercher
Abitur baccalauréat, le
Ablauf déroulement, le
ablaufen se dérouler
ablegen déposer
ablehnen refuser
abmelden retirer
Abmeldung formalité de départ, la
abrechnen calculer
Abreise départ, le *60 ff.*
Absage réponse négative, la
absagen annuler *60 ff.*
abschaffen abolir
Abschaffung abolition, l'

abschalten éteindre
abschicken envoyer
Abschied adieu, l' *10 ff.*
Abschleppdienst service de remorquage, le *39 ff.*
abschleppen remorquer
Abschleppwagen remorqueuse, la *39 ff.*
abschließen fermer à clef
abschneiden couper
Abschnitt coupure, la
Absender expéditeur, l' *136 ff.*
absetzen déposer
absichern assurer
Absicherung assurance, l'
Absicht intention, l'
Absprache accord, l'
Abstand distance, la
abstellen déposer
Abstieg descente, la
abstimmen voter
Absturz écrasement, l'
Abteilung service, le
abwarten attendre
Abweichung écart, l'
abweisen rejeter
Abwesenheit absence, l'
abwickeln exécuter
Abwicklung exécution, l'
abziehen enlever
Abzug retrait, le
Achtung respect, le, attention! *176 ff.*
Adapter adaptateur, l'

196 Wörterbuch für die Reise

Deutsch-Französisch

addieren ajouter
Ader artère, l'
Adresse adresse, l'
Agentur agence, l'
agieren agir
ahnen s'en douter
Ahnung idée, l'
Akt acte, l'
Akteur acteur, l'
Aktion action, l'
aktivieren activer
Akzent accent, l'
Akzeptanz acceptation, l'
akzeptieren accepter
Alarm alerte, l'
Alkohol alcool, l' *104 ff.*
Allergie allergie, l'
Alptraum cauchmar, le
alt vieux, ancien
Alter âge, l' *24 ff.*
Alternative alternative, l'
Altstadt vielle ville, la
Ambiente ambiance, l'
Ampel feu, le *34 ff.*
Amt autorité, l'
amüsieren s'amuser
Analyse analyse, l'
analysieren analyser
Ananas ananas, l'
Anbau bâtiment annexe, le
anbieten offrir
Anblick vue, la
Andenken souvenir, le *127 ff.*
ändern changer

Anerkennung reconnaissance, la
Anfall attaque, l'
Anfang début, le
Anfänger débutant, le
Anflug approche, l' *51 ff.*
anfordern demander
Anforderung demande, la
Anfrage demande, la
Angabe indication, l'
angeben indiquer
Angebot offre, l' *129 ff.*
angehen concerner
Angelegenheit affaire, l'
angeln pêcher
Angelsport pêche, la
angreifen attaquer
Angreifer attaquant, l'
Angst peur, la
anhalten arrêter
anheben soulever
ankommen arriver
Ankunft arrivée, l' *47 ff.*
Anlage complexe, le
Anlasser démarreur, le
anlaufen débuter
anlegen accoster
Anlegeplatz embarcadère, l'
Anliegen requête, la
anmelden annoncer
Anmeldung annonce, l' *68 ff.*
annähen coudre
annehmen accepter
annullieren annuler

Deutsch-Französisch

Anorak anorak, l'
anpassen adapter
anprobieren essayer
anregen inciter
anreisen voyager, arriver
anrichten préparer
Anruf appel, l' *31 ff.*
anrufen appeler
Ansage annonce, l'
Ansatz tentative, la
anschauen regarder
Anschein apparence, l'
anschließen brancher
Anschluss branchement, le
anschnallen attacher
ansehen regarder
Ansicht vue, la
Ansichtskarte carte postale, la *125 ff.*
ansprechen aborder
Anstieg hausse, la
Anteil part, la
Anteilnahme condoléances, les
Antibiotikum antibiotique, l'
Antike antiquité, l'
Antiquitität antiquité, l' *144 ff.*
Antwort réponse, la *15 ff.*
antworten répondre
Anwalt avocat, l' *176 ff.*
anwenden appliquer
Anwohner habitant, l'
Anzahl nombre, le

Anzahlung avance, l'
Anzeichen signe, le
Anzeige annonce, l'
Anzug costume, le
Apartment studio, le *77 ff.*
Apfel pomme, la
Apfelsine orange, l'
Apotheke pharmacie, la *162 ff.*
Appetit appétit, l'
Aprikose abricot, l'
arbeiten travailler
Arbeiter ouvrier, l'
Architekt architecte, l'
Architektur architecture, l' *144 ff.*
Arena arène, l'
Argument argument, l'
arm pauvre
Arm bras, le
Armbanduhr montre, la *127 ff.*
Ärmel manche, la
Art espèce, l'
Artischoke artichaut, l'
Arzneimittel médicament, le *165 ff.*
Arzt médecin, le *167 ff.*
Aschenbecher cendrier, le
Aspirin aspirine, l'
Atem souffle, le
Atlantik Atlantique, l'
atmen respirer
Attest certificat, le

Wörterbuch für die Reise

Deutsch-Französisch

Aufbau construction, la
aufbewahren conserver
Aufenthalt séjour, le *60 ff.*
auffahren approcher
Auffahrunfall collision, la
aufführen représenter
Aufführung représentation, la *140 ff.*
Aufgabe tâche, la
aufgeben abandonner
aufhalten retenir
aufhören arrêter
aufklären éclairer
auflösen dissoudre
Aufnahme enregistrement, l'
Aufregung excitation, l'
Aufruf appel, l'
aufrufen appeler
aufschreiben noter
Aufschwung essor, l'
Aufsicht surveillance, la
auftauchen émerger
Auftrag commande, la
Auftritt apparition, l'
Aufwand dépense, la
Aufzug ascenseur, l'
Auge œil, l'
Augenarzt ophtalmologue, l'
Augenblick moment, le
August août
ausbauen élargir
Ausbildung formation, la
Auseinandersetzung dispute, la
Ausfahrt sortie, la *39 ff.*

Ausflug excursion, l'
Ausfuhrzoll droits d'exportation, les
ausfüllen remplir
Ausgang sortie, la
Ausgangspunkt point de départ, le
ausgehen sortir
Auskunft renseignement, le *34 ff.*
Ausland étranger, l'
ausleihen prêter
Auspuff pot d'échappement, le
Ausreise départ, le
ausschalten éteindre
aussetzen exposer
Aussicht vue, la
aussprechen prononcer
aussteigen descendre (de)
Ausstellung exposition, l' *144 ff.*
Austern huîtres, les
austrinken vider
Ausweis passeport, le *134*
auszahlen payer
Auto voiture, la *39 ff.*
Autobahn autoroute, l' *39 ff.*
Autoreisezug train auto-couchettes, le
Autoschlüssel clef de voiture, la
Baby bébé, le
Bach rivière, la
Backbord bâbord, le
Bäcker boulanger, le

Deutsch-Französisch

Bäckerei boulangerie, la
Bad bain, le *60 ff.*
Badeanzug maillot de bain, le
Badehose maillot de bain, le
Badekappe bonnet de bain, le
Bademantel peignoir, le
Bademeister maître nageur, le
baden se baigner
Badeschuhe sandales, les
Badezimmer salle de bain, la *60 ff.*
Bahn train, le *47 ff.*
Bahnhof gare, la *47 ff.*
Bahnsteig quai, le *47 ff.*
Bakterien bactéries, les
bald bientôt
Balkon balcon, le *77 ff.*
Ball balle, la
Banane banane, la
Band bande, la
Bank banque, la *134 ff.*
Bankkonto compte en banque, le *134 ff.*
Bargeld argent liquide, l' *134 ff.*
Bart barbe, la
Batterie pile, la
Bau construction, la
Bauarbeiten travaux, les
Bauch ventre, le
bauen construire
Bauer paysan, le
Baum arbre, l'
Baumwolle coton, le
Baustelle chantier, le
behaupten prétendre
beachten respecter
Beamter fonctionnaire, le
Beanstandung réclamation, la *100 ff.*
beantragen faire une demande
beantworten répondre
Bedarf besoin, le
bedauern regretter
Bedauern regret, le
bedienen servir
Bedienung serveuse, la *86 ff.*
Bedingung condition, la
Bedrohung menace, la
beeindruckt impressionné
befassen s'occuper de
Befehl ordre, l'
befinden se porter
befreien libérer
begegnen rencontrer
beginnen commencer
begleiten accompagner
Begleiter accompagnateur, l'
Begleitung compagnie, la
behalten garder
behandeln traiter
Behandlung traitement, le
beherrschen maîtriser
Behinderter handicapé, l'
Behörde service, le
beibehalten conserver
Beifall applaudissement, l'

Deutsch-Französisch

Bein jambe, la
Beispiel exemple, l'
beißen mordre
Beitrag contribution, la
beitragen contribuer
Bekannte/r connaissance, la *19 ff.*
Bekanntgabe annonce, l'
beklagen déplorer
bekommen recevoir
Belastung charge, la
Beleg justificatif, le
belegen garnir
Belohnung récompense, la
Bemerkung remarque, la
benachrichtigen informer
benehmen se tenir
benutzen utiliser
Benutzungsgebühr frais d'utilisation, les
Benzin essence, l' *39 ff.*
Benzinkanister jerricane, le
beobachten observer
beraten conseiller
Berechnung calcul, le *100 ff.*
Berg montagne, la *148 ff.*
bergsteigen faire de l'alpinisme
Bericht rapport, le
berichten rapporter
Beruf métier, le *24 ff.*
Beruhigungsmittel calmant, le
berühren toucher
Besatzung équipage, l'

beschädigen ambîmer
Bescheid confirmation, la
beschleunigen accélérer
beschließen décider
Beschreibung description, la *34 ff.*
Beseitigung élimination, l'
besetzt occupé
besichtigen visiter
Besichtigung visite, la *148 ff.*
Besitzer propriétaire, le
Besteck couverts, les *86 ff.*
bestehen réussir
bestellen commander
Bestellung commande, la *86 ff.*
bestimmen déterminer
bestreiten contester
Besuch visite, la
besuchen visiter
Besucher visiteur, le *144 ff.*
Besuchszeit heures de visite, les *171 ff.*
Betäubung anesthésie, l'
betonen souligner
Betrag montant, le *110 ff.*
betragen représenter
Betreiber tenancier, le
Betrug tromperie, la
betrunken saoûl
Bett lit, le
Bettdecke couverture, la
Bettwäsche draps, les *73 ff.*
beurteilen juger

Wörterbuch für die Reise

Deutsch-Französisch

bewachen surveiller
bewahren garder
bewegen bouger
Bewegung mouvement, le
Beweis preuve, la
beweisen prouver
Bewohner habitant, l'
bezahlen payer
Bezahlung paiement, le *100 ff.*
Beziehung relation, la
Bezirk départment, le
Bibel bible, la
Bibliothek bibliothèque, la
Bier bière, la *108*
bieten offrir
Bild image, l' *144 ff.*
Bildung formation, la
Billard billard, le
Binde bande, la
Bindfaden ficelle, la
Birne poire, la
bitten demander
Blatt feuille, la
blau bleu
Blaubeeren myrtilles, les
bleiben rester
Bleistift crayon à papier, le
Blende pare-soleil, le
Blick vue, la
blicken regarder
Blinddarm appendice, l'
Blinker clignotant, le
Blitz éclair, l'

Blume fleur, la
Blumenkohl chou-fleur, le
Blumenstrauß bouquet de fleurs, le
Bluse chemisier, le *115 ff.*
Blut sang, le
Blutdruck tension, la
Bohnen haricots, les
Bonbon bonbon, le
Boot barque, la *148 ff.*
Bootsfahrt promenade en bateau, la *148 ff.*
Botschaft ambassade, l' *176 ff.*
Botschafter ambassadeur, l'
Brand incendie, l'
braten faire cuire
brauchen avoir besoin
Brauerei brasserie, la
Bremse frein, le *39 ff.*
bremsen freiner
brennen brûler
Brief lettre, la *136 ff.*
Briefkasten boîte aux lettres, la *136 ff.*
Briefmarke timbre, le *136 ff.*
Briefträger facteur, le
Briefumschlag enveloppe, l'
Brille lunettes, les *123*
Brillenetui étui à lunettes, l'
bringen apporter
Brombeeren mûres, les
Bronchitis bronchite, la
Brot pain, le

Wörterbuch für die Reise

Deutsch-Französisch

Brötchen petit-pain, le
Bruder frère, le
Brunnen puits, le
Brust poitrine, la
Brustkorb cage thoracique, la
Buch livre, le
buchen réserver
Büchsenöffner ouvre-boîtes, l'
Buchstabe lettre, la
buchstabieren épeler
Buchung réservation, la *60 ff.*
bügeln repasser
Bundesrepublik Deutschland République Fédérale d'Allemagne, la
Bungalow bungalow, le
bunt coloré
Burg château fort, le *148 ff.*
Bürgersteig trottoir, le
Büro bureau, le
Bürste brosse, la
Bus bus, le *56 ff.*
Bushaltestelle arrêt de bus, l' *56 ff.*
Büstenhalter soutien-gorge, le
Butter beurre, le
Café café, le *104 ff.*
Camping camping, le *68 ff.*
Campingausweis carte de camping, la
Campingliege chaise longue, la
Campingplatz terrain de camping, le *68 ff.*
Campingwagen camping-car, le
Charakter caractère, le
Charme charme, le
Chartermaschine vol charter, le
chartern affréter
Chef chef, le
Chefarzt médecin-chef, le
Chirurg chirurgien, le
Chor chorale, la
Christ chretién, le
Christus Christ, le
Club club, le
Computer ordinateur, l'
Cousin cousin, le
Cousine cousine, la
Dach toit, le
Dame dame, la
Damenbinde serviette hygiénique, la
Damentoilette toilettes pour dames, les
Dampfer bateau à vapeur, le
danken remercier
Darm intestin, le
darstellen représenter
Darstellung représentation, la
Datei fichier, le
Datteln dattes, les
Datum date, la *189 ff.*
Dauer durée, la
dauern durer
Daumen pouce, le

Wörterbuch für die Reise

Deutsch-Französisch

dazugehören faire partie de
Decke couverture, la *77 ff.*
defekt défectueux
Denkmal monument, le *144 ff.*
Deodorant déodorant, le *110 ff.*
Desinfektionsmittel produit désinfectant, le
Deutschland Allemagne, l'
Dezember décembre
Dia diapositive, la
Diabetiker diabétique, le
Diagnose diagnostique, le
Diät régime, le
Diätkost aliment diététique, l'
Dichter poète, le
Diesel diesel, le *39 ff.*
Differenz différence, la
Dill aneth, l'
Ding chose, la
direkt direct
Diskothek discothèque, la
diskutieren discuter
Doktor docteur, le *167 ff.*
Dolmetscher interprète, l'
Donner tonnerre, le
Donnerstag jeudi
Doppelzimmer chambre double, la *60 ff.*
Dorf village, le
Dose boîte, la
Draht fil, le
Drama drame, le
Dreck saleté, la
drehen tourner
Drogerie droguerie, la *110 ff.*
drohen menacer
Drohung menace, la
drücken appuyer
Drüse glande, la
Duell duel, le
dunkel sombre
dünn maigre
Durchfahrt passage, le *39 ff.*
Durchfall diarrhée, la
Durchgang passage, le
dürfen avoir la permission
Durst soif, la *86 ff.*
Dusche douche, la
Düsenflugzeug avion à réaction, le
Dutzend douzaine, la
D-Zug rapide, le *47 ff.*
Ecke coin, le
Ehe mariage, le
Ehefrau épouse, l'
Ehemann époux, l'
Ehepaar couple marié, le
Ehering alliance, l'
Ei œuf, l'
Eigenschaft propriété, la
Eilbrief lettre exprès, la *136 ff.*
Eimer seau, le
Einbahnstraße sens unique, le *39 ff.*
Einbrecher cambrioleur, le *176 ff.*

Wörterbuch für die Reise

Deutsch-Französisch

Einfahrt entrée, l'
Eingang entrée, l'
Eingriff intervention, l'
Einheit unité, l'
Einigkeit union, l'
einkaufen faire des courses
Einkaufszentrum centre commercial, le *110 ff.*
einladen inviter
Einladung invitation, l'
Einnahme recette, la
einpacken emballer
Einreise entrée, l' *39 ff.*
Einreisevisum visa d'entrée, le
Einrichtung aménagement intérieur, l'
Einsamkeit solitude, la
einschalten allumer
einschlafen s'endormir
einsparen économiser
einsteigen monter
Eintrag note, la
eintreten entrer
Eintritt entrée, l'
einzahlen verser
Einzelzimmer chambre simple, la *60 ff.*
Eis glace, la *104 ff.*
Eisbecher coupe de glace, la
Eisdiele café glacier, le
Eisenbahn train, le *47 ff.*
Elektriker électricien, l'
Elektronik électronique, l'
Ellbogen coude, le

Eltern parents, les
Emotion émotion, l'
Empfang accueil, l' *60 ff.*
Empfänger destinataire, le
empfehlen recommander
Ende fin, la
enden se terminer
Endstation terminus, le *56 ff.*
Energie énergie, l'
Enkel petit-fil, le
Enkelin petite-fille, la
Entdeckung découverte, la
Ente canard, le
entfernen retirer
Entfernung distance, la *34 ff.*
entnehmen enlever
entscheiden décider
Entscheidung décision, la
entschuldigen s'excuser
Entschuldigung excuse, l'
Entsetzen horreur, l'
Entspannung détente, la
entsprechen correspondre
entstehen naître
entziehen soustraire
Entzündung inflammation, l'
erarbeiten élaborer
Erdbeben tremblement de terre, le
Erdbeere fraise, la
Erde terre, la
Erdgeschoss rez-de-chaussée, le *73 ff.*
erfahren apprendre

Wörterbuch für die Reise

Deutsch-Französisch

Erfahrung expérience, l'
Erfindung invention, l'
Erfolg succès, le
ergeben donner
Ergebnis résultat, le
ergreifen saisir
ergriffen ému
erhalten obtenir
erinnern se souvenir
erkennen reconnaître
Erkrankung affection, l' *175*
erleben vivre
Ermäßigung réduction, la
erreichen atteindre
Ersatzteil pièce de rechange, la
erscheinen apparaître
erste Hilfe premiers soins, le
erstellen établir
Ertrag rendement, le
Erwachsener adulte, l'
erwähnen mentionner
erwarten s'attendre à
Erwartung attente, l'
erweisen démontrer
erweitern élargir
Erweiterung élargissement, l'
Erwerb acquisition, l'
erwerben acquérir
erzeugen engendrer
erzielen remporter
essen manger
Essen repas, le *84 ff.*
Essig vinaigre, le
Etage étage, l'

Euro euro, l'
Europa Europe, l'
Existenz existence, l'
Experiment expérience, l'
Experte expert, l'
Explosion explosion, l'
Fabrik usine, l'
Fach matière, la
Facharzt spécialiste, le
Fachleute spécialistes, les
Fahrbahn voie, la
Fähre ferry, le
fahren conduire
Fahrer conducteur, le
Fahrkarte billet, le *47 ff.*
Fahrplan horaire, l' *47 ff.*
Fahrrad vélo, le *154 ff.*
Fahrstuhl ascenseur, l'
Fahrt trajet, le *56 ff.*
Fahrtroute route, la
Fahrzeug voiture, la
Fall cas, le
Falle piège, le
fallen tomber
Familie famille, la
Familienname nom de famille, le *10 f.*
Familienstand situation familiale, la
fangen attraper
Farbe couleur, la *115 ff.*
Fassung monture, la
Faszination fascination, la
Favorit préféré, le

Deutsch-Französisch

Februar février
fehlen manquer
Fehler faute, la
Feier fête, la
feiern fêter
Feiertag jour férié, le
Feige figue, la
Feile lime, la
feilschen marchander
Feld champ, le
Fels rocher, le
Fenster fenêtre, la
Ferien vacances, les
Ferne distance, la
Fernseher télévision, la
Ferse talon, le
Fest fête, la *124 ff.*
Festival festival, le
feststellen constater
Feststellung constatation, la
Fett graisse, la
Feuer feu, le
Feuerlöscher extincteur, l'
Feuerwehr pompiers, les
Feuerzeug briquet, le
Fieber fièvre, la
Figur silhouette, la
Film film, le *140 ff.*
Finanzen finances, les *134 ff.*
finden trouver
Finger doigt, le
Firma entreprise, l'
Fisch poisson, le *91 ff.*
Flagge drapeau, le

Flasche bouteille, la
Flaschenöffner décapsuleur, le
Fleck tache, la
Fleisch viande, la
flicken rapiécer
Fliege mouche, la
fliegen voler
Flug vol, le *51 ff.*
Fluggesellschaft compagnie aérienne, la *51 ff.*
Flughafen aéroport, l' *51 ff.*
Flugplan horaire des vols, l'
Flugzeug avion, l' *51 ff.*
Fluss fleuve, le
Flut flots, les
Folge conséquence, la
folgen suivre
Föhn sèche-cheveux, le
fordern revendiquer
Form forme, la
Format format, le
Forschung recherche, la
Fortsetzung suite, la
Foto photo, la
Fotoapparat appareil photo, l'
fotografieren prendre des photos *144 ff.*
Frage question, la *15 ff.*
fragen demander
frankieren affranchir
Frau femme, la
Frauenarzt gynécologue, le
Freibad piscine en plein air, la

Deutsch-Französisch

freihalten garder libre
Freiheit liberté, la
freimachen affranchir
Freizeit temps libre, le *140 ff.*
Fremde étranger, l'
Fremdenführer guide, le *148 ff.*
freuen se réjouir
Freund ami, l' *24 ff.*
Freundin amie, l' *24 ff.*
Freundschaft amitié, l'
Frieden paix, la
Friedhof cimetière, le
frieren avoir froid
Friseur coiffeur, le *121 ff.*
Frisur coiffure, la
Frost gelée, la
Fruchtsaft jus de fruits, le *108*
früh tôt
Frühling printemps, le
Frühstück petit déjeuner, le *60 ff./91 ff.*
frühstücken prendre le petit déjeuner
fühlen sentir
führen guider
Führerschein permis de conduire, le
Fundbüro bureau des objets trouvés, le
Funk radio, la
Fuß pied, le
Fußball football, le *159 ff.*
Fußgänger piéton, le
Fußgängerübergang passage pour piétons, le
Gabel fourchette, la *86 ff.*
Gang couloir, le
Gans oie, la
Garage garage, le
Garantie garantie, la
garantieren garantir
Garderobe vestiaire, le
Garnele crevette rose, la
Garten jardin, le
Gas gaz, le *68 ff.*
Gast hôte, l'
Gastgeber hôte, l'
Gebäck pâtisserie, la
Gebäude bâtiment, le *144 ff.*
geben donner
Gebiet terrain, le
Gebirge montagne, la
Gebot règle, le
Gebrauch utilisation, l'
Gebühr taxe, la
Geburt naissance, la
Geburtsort lieu de naissance, le
Geburtstag date de naissance, la *19 ff.*
Gedanke pensée, la
Gedicht poème, le
Geduld patience, la
Gefahr danger, le *154 ff.*
Geflügel volaille, la
Gegend région, la
Gegensatz contraire, le

Deutsch-Französisch

Gegenteil contraire, le
Gegenwart présent, le
Gegner adversaire, l'
Gehalt salaire, le
Geheimnis secret, le
gehen aller
Gehirn cerveau, le
Gehirnerschütterung commotion cérébrale, la *171 ff.*
gehören appartenir
Geist esprit, l'
gelb jaune
Geld argent, l' *134 ff.*
Geldschein billet, le *134 ff.*
Geldwechsel change, le *134 ff.*
Gelegenheit occasion, l'
Gelenk articulation, l'
Geliebte/r bien-aimée, la/ amant, l'
gelten valoir
Gemeinde commune, la
Gemeinschaft communauté, la
Gemüse légumes, les *131 ff.*
Genehmigung autorisation, l'
genießen savourer
genügen suffir
Gepäck bagage, le *47 ff./51 ff.*
Gepäckaufbewahrung consigne, la
Gepäckträger portebagages, le
gesalzen salé
Geschäft magasin, le

Geschäftsreise voyage d'affaire, le
geschehen se passer
Geschenk cadeau, le
Geschichte histoire, l'
Geschlecht sexe, le
Geschlechtsorgane appareils génitaux, les
geschlossen fermé
Geschwindigkeit vitesse, la *39 ff.*
Gesetz loi, la
Gesicht visage, le
Gespräch conversation, la *24 ff.*
Gestalt forme, la
gestalten façonner
Geste geste, le
gestern hier
Gesundheit santé, la *162 ff.*
Getränk boisson, la *104 ff.*
Getreide céréales, les
Gewalt violence, la
Gewicht poids, le
Gewinn gain, le
Gewissen conscience, la
Gewitter tempête, la *193 ff.*
Gewürz épice, l'
gießen arroser
Gift poison, le
Glas verre, le
Glaube foi, la
glauben croire
Gleis voie, la

Wörterbuch für die Reise

Deutsch-Französisch

Globus globe, le
Glück bonheur, le
Glückwunsch félicitation, la *19 ff.*
Glühbirne ampoule, l'
Golf golf, le *154 ff.*
Gott Dieu
Gottesdienst service religieux, le
Gramm gramme, le
Grapefruit pamplemousse, le
gratulieren féliciter
greifen attraper
Grenze frontière, la
Griff poignée, la
groß grand
Größe taille, la *120*
Großmutter grand-mère, la
Großvater grand-père, le
grün vert
Grund raison, la
Grundschule école primaire, l'
Gruppe groupe, le
Gruß salutations, les
grüßen saluer
Gurke concombre, le
Gürtel ceinture, la
gut bon
Gymnasium lycée, le
Haarbürste brosse à cheveux, la
Haare cheveux, les *121 ff.*
Haarfarbe couleur des cheveux, la *121 ff.*
Haarfestiger laque, la
Haarklemme pince à cheveux, la
Haarshampoo shampoing, le
Haartrockner sèche-cheveux, le
haben avoir
Hafen port, le
Hafenstadt ville portuaire, la
Hagel grêle, la
Hahn coq, le
Halbpension demi-pension, la *60 ff.*
Hälfte moitié, la
Hallenbad piscine couverte, la
halten tenir
Haltestelle arrêt, l' *56 ff.*
Halteverbot arrêt interdit, l'
Hammer marteau, le
Hand main, la
Handbremse frein à main, le
Handel commerce, le
handeln agir
Handgepäck bagage à main, le *51 ff.*
Handlung action, l'
Handschuh gant, le
Handtasche sac à main, le
Handtuch serviette, la *67*
Handy portable, le *31 f.*
Hang pente, la
Hängematte hamac, le
Haselnuss noisette, la
Hauch souffle, le
Haufen tas, le

210 Wörterbuch für die Reise

Deutsch-Französisch

Hauptbahnhof gare centrale, la *47 ff.*
Hauptsache essentiel, l'
Hauptstadt capitale, la
Hauptstraße rue principale, la *34 ff.*
Haus maison, la
Hausfrau femme au foyer, la
Haushalt ménage, le
Hausnummer numéro de la maison, le
Hausschlüssel clef, la *77 ff.*
Haustür porte, la
Hebamme sage-femme, la
Heck queue, la
Heilquelle source thermale, la
Heim foyer, le
Heimat patrie, la
Heimatstadt ville natale, la
heiraten épouser
heißen s'appeler *10 ff./24 ff.*
Heizung chauffage, le
Held héros, le
helfen aider
Helfer assistant, l'
hell clair
Herausforderung défi, le
Herbergsausweis carte d'auberge, la *73 ff.*
Herbst automne, l'
Herd cuisinière, la
Herr monsieur, le
Herrentoilette toilettes pour hommes, les
Herrschaft souveraineté, la
Herrscher souverain, le
Hersteller fabricant, le
Herstellung fabrication, la
Herz cœur, le
heute aujourd'hui
Hilfe aide, l'
Himbeere framboise, la
Himmel ciel, le
hinterlassen laisser
hinterlegen déposer
Hinweis indice, l'
Historiker historien, l'
Hitze chaleur, la *193 ff.*
Hobby loisir, le
Hochzeit mariage, le
Hof cour, la
hoffen espérer
hoffentlich espérons que
Höhe hauteur, la
Höhle grotte, la *148 ff.*
holen aller chercher
Holz bois, le
Honig miel, le
hören entendre
Hose pantalon, le *115 ff.*
Hotel hôtel, l' *60 ff.*
Hotelhalle hall d'hôtel, le *60 ff.*
Hubschrauber hélicoptère, l'
Hummer homard, le
Humor humour, l'
Hund chien, le
Hunger faim, la *84 ff.*

Wörterbuch für die Reise

Deutsch-Französisch

Hupe klaxon, le *39 ff.*
Hut chapeau, le
Idee idée, l'
identifizieren identifier
Illustrierte illustré, l'
impfen vacciner
Impfpass carnet de santé, le
Impfung vaccination, la
Import importation, l'
Information information, l' *140 ff.*
Informationsschalter guichet d'information, le
informieren informer
Inhaber propriétaire, le
Inhalt contenu, le
Injektion injection, l'
Inland territoire national, le
Innenkabine cabine intérieure, la
Innenstadt centre ville, le *34 ff.*
Insekt insecte, l'
Insektenmittel insecticide, l'
Insel île, l'
Institut institut, l'
Intelligenz intelligence, l'
Interesse intérêt, l'
interessieren intéresser
Internist spécialiste des maladies internes, le
Irrtum erreur, l'
Isolierung isolation, l'
Jacht yacht, le

Jacke manteau, le *115 ff.*
Jackett veste, la
Jagd chasse, la
Jagdschein permis de chasse, le
Jahr année, l'
Jahresbeginn début d'année, le
Jahresende fin d'année, la
Jahrestag anniversaire, l'
Jahreswechsel nouvel an, le
Jahreszeit saison, la *191 ff.*
Jahrgang année, l'
Jahrhundert siècle, le *144 ff.*
Jahrhundertwende changement de siècle, le
Jahrtausend millénaire, le
Jahrzehnt décennie, la *144 ff.*
Januar janvier
Jod iode, l'
Johannisbeere groseille, la
Journalist journaliste, le
Jugend jeunesse, la
Jugendherberge auberge de jeunesse, l' *73 ff.*
Juli juillet
Junge garçon, le
Juni juin
Juwelier bijoutier, le
Kabine cabine, la
Kaffee café, le *104 ff.*
Kaffeekanne cafetière, la
Kakao cacao, le
Kalbfleisch viande de veau, la
Kalender calendrier, le
Kamin cheminée, la

Deutsch-Französisch

Kampf combat, le
Kanal canal, le
Kanne cruche, la
Kappelle chapelle, la *148 ff.*
Karotte carotte, la
Karriere carrière, la
Karte carte, la
Kartoffel pomme de terre, la
Karton carton, le
Käse fromage, le
Kasse caisse, la *110 ff.*
Katalog catalogue, le
kaufen acheter
Keks gâteau sec, le
Keller cave, la
Kellner/in serveur, le/serveuse, la *84 ff.*
kennen connaître
Kenntnisse connaissance, la
Kerze bougie, la
Kette chaîne, la *127 ff.*
Keuchhusten coqueluche, la
Kilo kilo, le *129 ff.*
Kilometer kilomètre, le *34 ff.*
Kind enfant, l'
Kinderarzt pédiatre, le
Kinderbett lit d'enfant, le
Kindergärtnerin éducatrice, l'
Kinn menton, le
Kino cinéma, le *140 ff.*
Kirche église, l' *144 ff.*
Kirsche cerise, la
Klasse classe, la
Kleid robe, la

Kleiderbügel cintre, le
Kleingeld monnaie, la
Klima climat, le *193 ff.*
Klimaanlage climatisation, la *60 ff.*
Klinik clinique, la
klopfen frapper
Kneipe bistro, le
Knie genou, le
Knoblauch ail, l'
Knöchel cheville, la
Knochen os, l'
Knopf bouton, le
Knoten nœud, le
Koch cuisinier, le
kochen faire la cuisine
koffeinfrei sans caféine
Koffer valise, la *47 ff./51 ff.*
Kofferraum coffre, le
Kokosnuss noix de coco, la
kommen venir
Kompass boussole, la
können pouvoir
Kontaktlinsen lentilles, les *123 ff.*
Konzert concert, le
Kopf tête, la
Kopfkissen coussin, le
Kopfsalat laitue, la
Kopfschmerzen maux de tête, les *162 ff.*
Kopie copie, la
Korkenzieher tire-bouchon, le
Körper corps, le

Deutsch-Französisch

Kosten frais, les
Krach vacarme, le
Krankenhaus hôpital, l' *171 ff.*
Krankenschwester infirmière, l'
Krankenwagen ambulance, l' *171 ff.*
Krankheit maladie, la *175*
Kräuter herbes, les
Krawatte cravate, la
Kreditkarte carte de crédit, la *134 ff.*
Kreis cercle, le
Kreislauf circulation, la
Kreisverkehr rond-point, le
Kreuzfahrt croisière, la
Kreuzung croisement, le *34 ff.*
Küche cuisine, la
Kuchen gâteau, le
Kugelschreiber crayon, le
Kühlschrank réfrigérateur, le
Kur cure, la
Kurs cours, le
Kuss baiser, le
küssen embrasser
Küste côte, la
Lächeln sourire, le
lachen rire
laden charger
Laden magasin, le *110 ff.*
Lamm agneau, l'
Land pays, le
Landkarte carte géographique, la *125 ff.*
Landschaft paysage, le
lassen laisser
laufen courir
laut bruyant
Leben vie, la
leben vivre
Lebensmittel aliments, les *110 ff.*
Lebensmittelgeschäft épicerie, l'
Leder cuir, le
legen déposer
leihen prêter *154 ff.*
Leihgebühr frais de location, les
Leine corde, la
Lenkrad volant, le
Leute gens, les
Licht lumière, la
Lichtschalter interrupteur, l'
Liebe amour, l'
Lied chanson, la
liegen être allongé
Liegestuhl chaise-longue, la
lila lilas
Lippe lèvre, la
Liter litre, le *129 ff.*
Locken boucles, les
Löffel cuiller, la *86 ff.*
Lokomotive locomotive, la
Luft air, l'
Luftkrankheit mal de l'air, le
Luftmatratze matelas gonflable, le

Deutsch-Französisch

Luftpost par avion
lügen mentir
Lunge poumon, le
Lust envie, l'
machen faire
Mädchen fille, la
Magen estomac, l'
Mai mai
Mais maïs, le
Maler peintre, le *144 ff.*
Mandarine mandarine, la
Mandelentzündung amygdalite, l'
Mann homme, l'
Mantel manteau, le
Margarine margarine, la
Markt marché, le *129 ff.*
Marmelade confiture, la
März mars
Massage massage, la
Material matériel, le
Medikament médicament, le *165*
Meer mer, la
Meerblick vue sur la mer, la
Meile mille, le
meinen penser
Meinung avis, l'
Melone melon, le
Mensch humain, l'
Menstruation règles, les
merken remarquer
messen mesurer
Messer couteau, le *86 ff.*

Meter mètre, le
Metzger boucher, le
Miete loyer, le
mieten louer
Milch lait, le
Minute minute, la
mischen mélanger
missverstehen se méprendre
mit avec
Mitglied membre, le
mitmachen participer
Mittagessen déjeuner, le
Mitte milieu, le
Mittwoch mercredi
Möbel meubles, les
mögen bien aimer
Möglichkeit possibilité, la
Moment moment, le
Monat mois, le *191 ff.*
Mond lune, la
morgen demain
Motor moteur, le
Motorboot bateau à moteur, le
Motorrad moto, la
Motorschaden panne de moteur, la *39 ff.*
Mücke moustique, le
Mühe effort, l'
Müll ordures, les
Mülleimer poubelle, la
Mülltonne poubelle, la
Mund bouche, la
Münze pièce, la
Museum musée, le *144 ff.*

Wörterbuch für die Reise

Deutsch-Französisch

Musical comédie musicale, la *140 ff.*
Musik musique, la
Musiker musicien, le
müssen devoir
Mut courage, le
Mutter mère, la
Muttersprache langue maternelle, la
Nachbar voisin, le
Nachbarschaft voisinage, le
nachdenken réfléchir
Nachfrage demande, la
nachholen rattraper
Nachmittag après-midi, l'
Nachname nom de famille, le
Nachricht nouvelle, la
nachschlagen faire des recherches
nachsehen aller voir
nachsenden réexpédier
Nacht nuit, la
Nachtklub boîte de nuit, la *104 ff.*
Nachtdienst service de nuit, le *162 ff.*
Nachteil inconvénient, l'
Nadel aiguille, l'
Nagel ongle, l'
nah proche
Nähe proximité, la
Nahrung nourriture, la
Nahrungsmittel produit alimentaire, le *84 ff./110 ff.*

Nahverkehr circulation urbaine, la *56 ff.*
Name nom, le
Nase nez, le
Nation nation, la
Nationalität nationalité, la
Nationalpark parc national, le
Natur nature, la
Naturschutz protection de la nature, la
Naturschutzgebiet réserve naturelle, la
Nebel brouillard, le
Nebenkosten faux frais, les
Nebenwirkungen effets secondaires, les *162 ff.*
Neffe neveu, le
Neigung penchant, le
nennen nommer
Nerv nerf, le
Netz filet, le
neu nouveau
Neugier curiosité, la
Nichte nièce, la
Nichtraucher non-fumeur, le *84 ff.*
Nichtraucherabteil compartiment non-fumeur, le
Niederlage défaite, la
Niere rein, le
Norden nord, le
Not détresse, la
Notausgang sortie de secours, la

Wörterbuch für die Reise

Deutsch-Französisch

Notbremse signal d'alarme, le
Notfall cas d'urgence, le *171 ff.*
notieren noter
Notwehr légitime défense, la
November novembre
Nudel nouille, la
Nummer numéro, le
Nummernschild plaque minéralogique, la
Nuss noix, la
nutzen utiliser
Oberfläche surface, la
Obst fruit, le *131 ff.*
Obstgeschäft épicerie, l'
oder ou, ou bien
Öffnungszeiten heures d'ouverture, les
ohne sans
Ohr oreille, l'
Ohrring boucle d'oreille, la
Oktober octobre
Öl huile, l'
Olive olive, l'
Olivenöl huile d'olive, l'
Omnibus bus, le *56 ff.*
Onkel oncle, l'
Oper opéra, l'
Operation opération, l' *171 ff.*
operieren opérer
Opfer victime, la
Optiker opticien, l' *123 ff.*
Orange orange, l'
Orchester orchestre, l'

ordnen ranger
Ordnung rangement, le
Organ organe, l'
Organisation organisation, l'
organisieren organiser
orientieren orienter
Orientierung orientation, l'
Original original, l'
Ort endroit, l'
Ortsgespräch communication locale, la *31 f.*
Osten est, l'
Ostern Pâques, la
Paar couple, le *115 ff.*
packen faire ses bagages
Packung paquet, le
Paket colis, le
Panik panique, la
Panne panne, la *39 ff.*
Papier papier, le
Papiere papiers, les
Papiertaschentuch mouchoir en papier, le
Paprika poivron, le
Parfümerie parfumerie, la
Park parc, le
parken garer
Parkett parquet, le
Parkgebühr taxe de stationnement, la
Parkhaus parking à étages, le
Parkplatz parking, le
Parkschein ticket de stationnement, le

Deutsch-Französisch

Parkverbot stationnement interdit, le *39 ff.*
Partie partie, la
Partner partenaire, le
Party fête, la
Pass passeport, le
Passagier passager, le
Passagierschiff paquebot, le
Passanten passants, les
passen aller bien
Passkontrolle contrôle des passeports, le *51 ff.*
Pastor pasteur, le
Patient patient, le
Pauschalpreis prix forfaitaire, le
Pause pause, la
Pech poix, la
Pension pension, la *60 ff.*
Person personne, la
Personal personnel, le
Personalien identité, l'
Petersilie persil, le
Pfarrer prêtre, le
Pfeffer poivre, le
Pfeife pipe, la
Pferd cheval, le
Pfingsten Pentecôte, la
Pfirsich pêche, la
Pflanze plante, la
Pflaster sparadrap, le *156 f.*
Pflaume prune, la
Pflege soin, le
pflegen soigner
Pflicht devoir, le
Pförtner concierge, le
Pfund livre, le
Physik physique, la
Pianist pianiste, le
Picknick pique-nique, le
Pille pilule, la
Pilot pilote, le
Pilz champignon, le *86 ff./ 129 ff.*
Pinsel pinceau, le
Pkw voiture, la *39 ff.*
Plakat affiche, l'
Plakette vignette, la
Plan plan, le
Planet planète, le
Plastik plastique, le
Plastikbeutel sac en plastique, le
Platte disque, le
Plattform plate-forme, la
Platz place, la
Platzkarte billet de réservation, le *140 ff.*
Plombe plombage, le
Poesie poésie, la
Polizei police, la *176 ff.*
Polizeirevier commissariat de police, le
Polizeiwagen voiture de police, la
Polizist policier, le
Pommes frites frites, les
Pop pop, le
Portmonee portemonnaie, le
Portier portier, le

Wörterbuch für die Reise

Deutsch-Französisch

Portion portion, la
Porto affranchissement, l'
Position position, la
Post poste, la
Postamt bureau de poste, le *136 ff.*
Postkarte carte postale, la *125 ff./136 ff.*
Praxis cabinet, le *167 ff.*
Preis prix, le
Preiserhöhung augmentation de prix, l'
Preisermäßigung réduction, la *140 ff.*
Presse presse, la
Prinzip principe, le
Privatstrand plage privée, la *60 ff.*
Privatzimmer pièce privée, la *77 ff.*
Probe essai, l'
Problem problème, le
Produkt produit, le
Professor professeur, le
Prognose prévision, la
Programm programme, le *140 ff.*
Projekt projet, le
Prospekt prospectus, le
Protest protestation, la
Prothese prothèse, la
Protokoll protocole, le
Provision commision, la
Prozent pour cent

Prozess procès, le
prüfen vérifier
Publikum publique, le
Pullover pull-over, le
Punkt point, le
Pünktlichkeit ponctualité, la
Pute dinde, la
putzen nettoyer
Putzmittel produit de nettoyage, le
Quadrat carré, le
quälen tourmenter
Qualität qualité, la
Qualle méduse, la
Qualm fumée, la
Quarantäne quarantaine, la
Quartal trimestre, le
Quartier quartier, le
Quelle source, la
quetschen presser
quietschen crisser
Quittung facture, la
Rad roue, la
Radfahrer cycliste, le
Radio radio, la
Rahmen cadre, le
Rang valeur, la
rasen foncer
Rasierapparat rasoir, le
rasieren raser
Rasierklinge lame de rasoir, la
Rasierkreme crème à raser, la
Rasierpinsel blaireau, le
Rat conseil, le

Wörterbuch für die Reise

Deutsch-Französisch

raten deviner
Rathaus mairie, la
Rätsel devinette, la
Ratte rat, le
Rauch fumée, la
rauchen fumer
Raucher fumeur, le *47 ff./ 51 ff.*
Raum salle, la
reagieren réagir
Reaktion réaction, la
realisieren réaliser
rechnen calculer
Rechnung facture, la *100 ff.*
Recht droit, le
rechtfertigen justifier
rechtlich juridique
rechts à droite *34 ff.*
Rechtsanwalt avocat, l' *176 ff.*
rechtzeitig à temps
Rede discours, le
reden parler
reduzieren réduire
Regel règle, la
Regen pluie, la
Regenmantel imperméable, l'
Regenschirm parapluie, le
Region région, la
regnen pleuvoir
regnerisch pluvieux
Reh chevreuil, le
Reich empire, l'
Reichtum richesse, la
Reichweite portée, la

Reifen pneu, le *39 ff.*
Reihe rang, le
Reihenfolge ordre, l'
rein pur
reinigen nettoyer
Reinigung nettoyage, le *77 ff.*
Reis riz, le
Reise voyage, le *39 ff./ 47 ff./51 ff.*
Reisebüro agence de voyage, l'
Reisebus car de tourisme, le
Reiseführer guide, le *148 ff.*
Reiseleiter accompagnateur, l'
Reisepass passeport, le
reißen déchirer
Reißverschluss fermeture éclair, la
reiten faire du cheval
Reiter cavalier, le
Reiz attrait, l'
Religion religion, la
Reparatur réparation, la
Reparaturwerkstatt atelier de réparations, l'
reparieren réparer
reservieren réserver
Reservierung réservation, la
Resonanz résonance, la
Respekt respect, le
Restaurant restaurant, le
Resultat résultat, le
retten sauver

Deutsch-Französisch

Rettung sauvetage, le
Rezept ordonnance, l' *162 ff.*
Rezeption réception, la *60 ff.*
riechen sentir
Rindfleisch viande de bœuf, la
Ring anneau, l'
Risiko risque, le
Rock jupe, la
Roman roman, le
Rose rose, la
rot rouge
Rückfahrkarte billet retour, le *56 ff.*
Rückseite verso, le
rudern ramer
Ruf appel, l'
rufen appeler
Rufnummer numéro d'appel, le *31 ff.*
Ruhe silence, le
ruhen se reposer
Rundfahrt circuit, le
rutschen glisser
Saal salle, la
Sache chose, la
Saft jus, le *108 ff.*
sagen dire
Saison saison, la
Saisonzuschlag hausse saisonnière des prix, la
Salat salade, la
Salz sel, le
Sand sable, le *154 ff.*
Sandstrand plage de sable, la

Sarg cercueil, le
saugen passer l'aspirateur
Sauna sauna, le
schaden nuire
Schaf mouton, le
schälen éplucher
Schalter guichet, le
Scheck chèque, le *134 ff.*
Scheibe tranche, la
Schein lueur, la
Schere ciseaux, les
schicken envoyer
schießen tirer
Schirm parapluie, le
schlafen dormir
schlagen frapper
Schlange serpent, le
Schlauchboot canot pneumatique, le
schlecht mauvais
schließen fermer
Schließfach consigne, la
Schlitten luge, la
schlucken avaler
Schlüssel clef, la *60 ff.*
schmecken avoir du goût
Schmerz douleur, la *167 ff.*
Schmuck bijou, le
Schnee neige, la
schneiden couper
schneien neiger
Schnupfen rhume, le
Schokolade chocolat, le
Schrank placard, le

Wörterbuch für die Reise

Deutsch-Französisch

Schraubenzieher tournevis, le
schreien crier
Schritt pas, le
Schuh chaussure, la *115 ff.*
Schuhmacher cordonnier, le
Schuld culpabilité, la *176 ff.*
Schule école, l'
Schulter épaule, l'
Schüssel cuvette, la
Schutz protection, la
schwanger enceinte
schwarz noir
Schweinefleisch viande de porc, la
Schweiz Suisse, la
Schweizer Franken franc suisse, le
Schwester sœur, la
schwimmen nager
Schwimmweste gilet de sauvetage, le
See mer/lac, la/le
Seekrankheit mal de mer, le
Segelboot bateau à voile, le
segeln faire de la voile
Segelschule école de voile, l'
sehen voir
Sehenswürdigkeit curiosité, la *148 ff.*
Seife savon, le
Sekt vin mousseux, le
Senf moutarde, la
September septembre
Sex sexe, le

Shorts short, le
sich begeistern für être ravi de
sich beschweren se plaindre
sich melden se manifester
sich verabschieden dire au revoir
sich wohl fühlen se sentir bien
Sicherheitsgurt ceinture de sécurité, la
Sicherung fusibles, les
Ski ski, le
Sohn fils, le
Sommer été, l'
Sonnabend samedi
Sonne soleil, le
Sonnenaufgang levé de soleil, le
Sonnenbrand coup de soleil, le
Sonnenbrille lunettes de soleil, les
Sonnenöl huile solaire, l' *154 ff.*
Sonnenschirm parasol, le
Sonnenuntergang couché de soleil, le
sonnig ensoleillé
Sonntag dimanche
Soße sauce, la
Spargel asperges, les
spät tardif
spazieren gehen se promener

Deutsch-Französisch

Speisekarte menu, le *86 ff.*
Spiegel mirroir, le
Spielzeug jouet, le
Sport sport, le
Sprache langue, la *15 ff.*
sprechen parler
Sprechstunde consultation, la *167 ff.*
Spülmittel produit de vaisselle, le
Staatsangehörigkeit nationalité, la
Stadt ville, la
Stadtplan plan de la ville, le *34 ff.*
Stadtzentrum centre ville, le *34 ff.*
Start départ, le
starten démarrer
stattfinden avoir lieu
Stau bouchon, le *39 ff.*
Steckdose prise, la
stehen être debout
stehlen voler
Stern étoile, l'
Strand plage, la
Straße rue, la *34 ff.*
Straßenkarte carte routière, la *34 ff.*
Stuhl chaise, la
Sturm tempête, la
Suche recherche, la
suchen chercher
Süden sud, le

Suppe soupe, la *91 ff.*
Süßigkeit sucrerie, la
Tabak tabac, le
Tag jour, le
Tal vallée, la
Tampon tampon, le
Tankstelle station-service, la *39 ff.*
Tante tante, la
Tanz dance, la
Tasche poche, la
Taschenlampe lampe de poche, la
Taschenmesser couteau de poche, le
Taschentuch mouchoir, le
Tasse tasse, la
tauchen plonger
Taucherausrüstung équipement de plongée, l'
Tee thé, le
Teil partie, la
Telefon téléphone, le *31 ff.*
Telefonbuch annuaire, l'
telefonieren téléphoner *31 ff.*
Telefonzelle cabine téléphonique, la *24 ff.*
Teller assiette, l'
Temperatur température, la
Tennis tennis, le
Termin rendez-vous, le
Terrasse terrasse, la *59 ff.*
Theater théâtre, le *140 ff.*

Wörterbuch für die Reise

Deutsch-Französisch

Thermometer thermomètre, le
Tier animal, l'
Tisch table, la *84 ff.*
Toast toast, le
Tochter fille, la
Toilettenpapier papier hygiénique, le
Toilette toilettes, les
Tor porte, la
töten tuer
Tourist touriste, le
Touristeninformation syndicat d'initiative, le
tragen porter
Treppe escalier, l'
Tretboot pédalo, le
treten donner un coup de pied
Trinkgeld pourboire, le
Trinkwasser eau potable, l'
trocknen sécher
tropfen goutter
tun faire
Tunnel tunnel, le
Tür porte, la
Turnschuhe chaussures de sport, les
U-Bahn métro, le *56 f.*
Übelkeit nausée, la
Überfall attaque, l'
übergeben remettre
Übergepäck excédent de bagages, l'
Übernachtung nuitée, la *60 ff.*
übernehmen reprendre
Überraschung surprise, la
übersetzen traduire
Übersetzung traduction, la
übertreiben exagérer
Überweisung virement, le
überzeugen convaincre
Übung exercice, l'
Ufer rive, la
Uhr heure, l' *189*
und et
Unfall accident, l'
Universität université, l'
Unterhaltung divertissement, le
Unterkunft hébergement, l'
Untersuchung examen, l'
Urlaub vacances, les
Vanille vanille, la
Vase vase, le
Vater père, le
verabreden donner rendez-vous
verabschieden voter
Verbandszeug pansements, les *162 ff.*
verbinden faire un bandage
Verbrechen crime, le
verbrennen brûler
vergessen oublier
Verkehr trafic, le *39 ff.*
verletzen blesser
verlieben tomber amoureux

Deutsch-Französisch

verlieren perdre
Verlobte fiancée, la
Verlobter fiancé, le
Verlust perte, la *176 ff.*
vermieten louer
vermissen manquer
verpfeffert trop poivré *83 ff.*
Verpflegung ravitaillement, le
versalzen trop salé *83 ff.*
verschlafen se réveiller trop tard
versichern assurer
Versicherung assurance, l' *167 ff.*
Verspätung haben avoir du retard
verzeihen pardonner
Verzeihung pardon, le
verzollen dédouaner
Visum visa, le
Vollpension pension complète, la *60 ff.*
Vorfahrt priorité, la
Vorname prénom, le
Vorsicht attention, l'
Vorwahl indicatif, l' *31 ff.*
Waage balance, la
wach éveillé
wachsen grandir
Wahl choix, le
wählen choisir
Wahrheit vérité, la
Walnuss noix, la
Wand mur, le

Warnung avertissement, l'
warten attendre
Wartesaal salle d'attente, la *167 ff.*
Waschbecken lavabo, le
Wäsche linge, l'
Wasser eau, l'
WC WC, les
wechseln changer
wecken réveiller
Wecker réveil, le
Weg chemin, le *34 ff.*
Wegweiser poteau indicateur, le *34 ff.*
weh tun faire mal
Weihnachten Noël
weil parce que
Wein vin, le
weinen pleurer
weiß blanc
weit large
Wind vent, le
Wirbelsäule colonne vertébrale, la
Wissen connaissance, la
Witz blague, la
Woche semaine, la
Wochenende week-end, le
wohnen habiter
Wolle laine, la
wollen vouloir
Wort mot, le *15 ff.*
Wörterbuch dictionnaire, le
Wunde blessure, la

Deutsch-Französisch

Wunsch souhait, le *19 ff.*
wünschen souhaiter
Zahl nombre, le
zahlen payer *100 ff.*
Zahn dent, la
Zahnbürste brosse à dent, la
Zahnpasta dentifrice, la
Zahnprothese prothèse dentaire, la
Zahnschmerzen mal aux dents, le
Zange pince, la
Zebrastreifen passage pour piétons, le
Zehe doigts de pieds, les
Zeichen signe, le
zeigen montrer *34 ff.*
Zeit temps, le
Zeitschrift magazine, le *125 ff.*
Zeitung journal, le *125 ff.*
Zentimeter centimètre, le
Zeuge témoin, le
ziehen tirer
Ziffer chiffre, le
Zigarette cigarette, la
Zimmer chambre, la
Zitrone citron, le
Zoll douane, la *39 ff.*
Zollkontrolle contrôle douanier, le
Zoo zoo, le
Zucker sucre, le
Zufall hasard, le
Zug train, le *47 ff.*
Zukunft avenir, l'
Zunge langue, la
Zuschauer spectateur, le
Zwiebel oignon, l'
Zwischenstecker adaptateur, l'

Französisch-Deutsch

à droite rechts *34 ff.*
à temps rechtzeitig
abandonner abbrechen, aufgeben
abolir abschaffen
abolition, l' Abschaffung
aborder ansprechen
abricot, l' Aprikose
absence, l' Abwesenheit
accélérer beschleunigen
accent, l' Akzent
acceptation, l' Akzeptanz
accepter akzeptieren
accident, l' Unfall
accompagnateur, l' Begleiter, Reiseleiter
accompagner begleiten
accord, l' Absprache
accoster anlegen
accueil, l' Empfang *60 ff.*
acheter kaufen
acquérir erwerben
acquisition, l' Erwerb
acte, l' Akt
acteur, l' Akteur
action, l' Aktion, Handlung, Aktie
activer aktivieren
adaptateur, l' Zwischenstecker, Adapter
adapter anpassen
adieu, l' Abschied *10 ff.*
adresse, l' Adresse
adulte, l' Erwachsener

adversaire, l' Gegner
aéroport, l' Flughafen *51 ff.*
affaire, l' Angelegenheit
affection, l' Erkrankung *175*
affiche, l' Plakat
affranchir frankieren, freimachen
affranchissement, l' Porto
affréter chartern
âge, l' Alter *24 ff.*
agence de voyage, l' Reisebüro
agence, l' Agentur
agir handeln, agieren
agneau, l' Lamm
aide, l' Hilfe
aider helfen
aiguille, l' Nadel
ail, l' Knoblauch
air, l' Luft
ajouter addieren
alcool, l' Alkohol *104 ff.*
alerte, l' Alarm
aliment diététique, l' Diätkost
aliments, les Lebensmittel *110 ff.*
Allemagne, l' Deutschland
aller gehen
aller chercher holen
aller voir nachsehen
allergie, l' Allergie
alliance, l' Ehering
allumer einschalten

Wörterbuch für die Reise

Französisch-Deutsch

alternative, l' Alternative
ambassade, l' Botschaft *176 ff.*
ambassadeur, l' Botschafter
ambiance, l' Ambiente
ambîme beschädigen
ambulance, l' Krankenwagen *171 ff.*
aménagement intérieur, l' Einrichtung
ami, l' Freund *24 ff.*
amie, l' Freundin *24 ff.*
amitié, l' Freundschaft
amour, l' Liebe
ampoule, l' Glühbirne
s'amuser amüsieren
amygdalite, l' Mandelentzündung
analyser analysieren
ananas, l' Ananas
ancien alt
anesthésie, l' Betäubung
aneth, l' Dill
anguille, l' Aal
animal, l' Tier
anneau, l' Ring
année, l' Jahrgang, Jahr
anniversaire, l' Jahrestag
annonce, l' Anmeldung *68 ff.*
annonce, l' Ansage, Anzeige, Bekanntgabe
annoncer anmelden
annuaire, l' Telefonbuch
annuler absagen, annullieren *60 ff.*

anorak, l' Anorak
antibiotique, l' Antibiotikum
antiquité, l' Antike, Antiquität *144 ff.*
août August
apparaître erscheinen
appareil photo, l' Fotoapparat
appareils génitaux, les Geschlechtsorgane
apparence, l' Anschein
apparition, l' Auftritt
appartenir gehören
appel, l' Anruf, Ruf, Aufruf *31 ff.*
appeler anrufen, aufrufen, rufen *31 ff.*
s'appeler heißen *10 ff./24 ff.*
appendice, l' Blinddarm
appétit, l' Appetit
applaudissement, l' Beifall
appliquer anwenden
apporter bringen
apprendre erfahren
approche, l' Anflug *51 ff.*
approcher auffahren
appuyer drücken
après-midi, l' Nachmittag
arbre, l' Baum
architecte, l' Architekt
architecture, l' Architektur *144 ff.*
arène, l' Arena
argent, l' Geld *134 ff.*

Französisch-Deutsch

argent liquide, l' Bargeld *134 ff.*
argument, l' Argument
armée, l' Armee
arrêt, l' Haltestelle *56 ff.*
arrêt de bus, l' Bushaltestelle *56 ff.*
arrêt interdit, l' Halteverbot
arrêter anhalten, aufhören
arrière-fond, l' Hintergrund
arrivée, l' Ankunft *47 ff.*
arriver ankommen
arroser gießen
artère, l' Ader
artichaut, l' Artischoke
articulation, l' Gelenk
ascenseur, l' Aufzug
asperges, les Spargel
aspirine, l' Aspirin
assiette, l' Teller
assistant, l' Helfer
assurance, l' Versicherung, Absicherung *167 ff.*
assurer absichern, versichern
atelier de réparations, l' Reparaturwerkstatt
atlantique, l' Atlantik
attacher anschnallen
attaquant, l' Angreifer
attaque, l' Anfall, Überfall
attaquer angreifen
atteindre erreichen
attendre warten, abwarten
s'attendre à erwarten
attente, l' Erwartung
attention, l' Vorsicht *176 ff.*
attrait, l' Reiz
attraper greifen, fangen
auberge de jeunesse, l' Jugendherberge *73 ff.*
augmentation de prix, l' Preiserhöhung
aujord'hui heute
automne, l' Herbst
autorisation, l' Genehmigung
autorité, l' Amt
autoroute, l' Autobahn *39 ff.*
avaler schlucken
avance, l' Anzahlung
avec mit
avenir, l' Zukunft
aventure, l' Abenteuer
avertissement, l' Warnung
avion, l' Flugzeug *51 ff.*
avis, l' Meinung
avocat, l' Anwalt *176 ff.*
avoir haben
avoir besoin brauchen
avoir du goût schmecken
avoir du retard Verspätung haben
avoir froid frieren
avoir la permission dürfen
avoir lieu stattfinden
bâbord, le Backbord
baccalauréat, le Abitur
bactéries, les Bakterie

Wörterbuch für die Reise

Französisch-Deutsch

bagage, le Gepäck 47 ff./51 ff.
bagage à main, le Handgepäck 51 ff.
bain, le Bad 60 ff.
se baigner baden
baiser, le Kuss
balance, la Waage
balcon, le Balkon 77 ff.
balle, la Ball
banane, la Banane
bande, la Band, Binde
banque, la Bank 134
barbe, la Bart
barque, la Boot 148 ff.
bateau à moteur, le Motorboot
bateau à vapeur, le Dampfer
bateau à voile, le Segelboot
bâtiment, le Gebäude 144 ff.
bébé, le Baby
besoin, le Bedarf
beurre, le Butter
bible, la Bibel
bibliothèque, la Bibliothek
bien aimer mögen
bientôt bald
bière, la Bier 108
bijou, le Schmuck
bijoutier, le Juwelier
billard, le Billard
billet, le Geldschein, Fahrkarte 47 ff./134 ff.
billet de réservation, le Platzkarte 140 ff.
billet retour, le Rückfahrkarte 56 ff.
bise, la Küsschen
bistro, le Kneipe
blague, la Witz
blaireau, le Rasierpinsel
blanc weiß
blesser verletzen
blessure, la Wunde
bleu blau
bois, le Holz
boisson, la Getränk 104 ff.
boîte, la Dose
boîte aux lettres, la Briefkasten 136 ff.
boîte de nuit, la Nachtklub 104 ff.
bon gut
bon marché billig, günstig
bonbon, le Bonbon
bonheur, le Glück
bonnet de bain, le Badekappe
bouche, la Mund
boucher, le Metzger
bouchon, le Stau 39 ff.
boucles, les Locken
boucle d'oreille, la Ohrring
bouger bewegen
bougie, la Kerze
boulanger, le Bäcker
boulangerie, la Bäckerei
bouquet de fleurs, le Blumenstrauß

Französisch-Deutsch

boussole, la Kompass
bouteille, la Flasche
bouton, le Knopf
branchement, le Anschluss
brancher anschließen
bras, le Arm
brasserie, la Brauerei
briquet, le Feuerzeug
bronchite, la Bronchitis
brosse, la Bürste
brosse à cheveux, la Haarbürste
brosse à dent, la Zahnbürste
brouillard, le Nebel
brûler brennen
brûler verbrennen
bruyant laut
bungalow, le Bungalow
bureau, le Büro
bureau de poste, le Postamt *136 ff.*
bureau des objets trouvés, le Fundbüro
bus, le Bus, Omnibus *56 ff.*
cabine, la Kabine
cabine intérieure, la Innenkabine
cabine téléphonique, la Telefonzelle *24 ff.*
cabinet, le Praxis *167 ff.*
cacahouète, la Erdnuss
cacao, le Kakao
cadeau, le Geschenk
cadre, le Rahmen
café, le Café, Kaffee *104 ff.*
café glacier, le Eisdiele
cafetière, la Kaffeekanne
cage thoracique, la Brustkorb
caisse, la Kasse *110 ff.*
calcul, le Berechnung *100 ff.*
calculer rechnen, abrechnen
calendrier, le Kalender
calm ruhig
calmant, le Beruhigungsmittel
cambrioleur, le Einbrecher
camping, le Camping *68 ff.*
camping-car, le Campingwagen
canal, le Kanal
canard, le Ente
canot pneumatique, le Schlauchboot
capitale, la Hauptstadt
car de tourisme, le Reisebus
caractère, le Charakter
carnet de santé, le Impfpass
carotte, la Karotte
carré, le Quadrat
carrière, la Karriere
carte, la Karte
carte d'auberge, la Herbergsausweis *73 ff.*
carte de camping, la Campingausweis
carte de crédit, la Kreditkarte *134 ff.*

Wörterbuch für die Reise

Französisch-Deutsch

carte géographique, la Landkarte *125 ff.*
carte postale, la Ansichtskarte, Postkarte *125 ff./136 ff.*
carte routière, la Straßenkarte *34 ff.*
carton, le Karton
cas, le Fall
cas d'urgence, le Notfall *171 ff.*
catalogue, le Katalog
cauchmar, le Alptraum
cavalier, le Reiter
cave, la Keller
ceinture, la Gürtel
ceinture de sécurité, la Sicherheitsgurt
cendrier, le Aschenbecher
centimètre, le Zentimeter
centre commercial, le Einkaufszentrum *110 ff.*
centre ville, le Innenstadt, Stadtzentrum *34 ff.*
cercle, le Kreis
cercueil, le Sarg
céréale, la Getreide
cerise, la Kirsche
certificat, le Attest
cerveau, le Gehirn
chaîne, la Kette *127 ff.*
chaise, la Stuhl
chaise longue, la Liegestuhl, Campingliege
chaleur, la Hitze *193 ff.*
chambre, la Zimmer
chambre double, la Doppelzimmer *60 ff.*
chambre simple, la Einzelzimmer *60 ff.*
champ, le Feld
champignon, le Pilz
change, le Geldwechsel *134 ff.*
changement de siècle, le Jahrhundertwende
changer ändern, wechseln
chanson, la Lied
chantier, le Baustelle
chaos, le Chaos
chapeau, le Hut
chapelle, la Kappelle *148 ff.*
charge, la Belastung
charger laden
charme, le Charme
chasse, la Jagd
château fort, le Burg *148 ff.*
chauffage, le Heizung
chaussure, la Schuh *115 ff.*
chaussures de sport, les Turnschuhe
chef, le Chef
chef de service, le Abteilungsleiter
chemin, le Weg *34 ff.*
cheminée, la Kamin
chemisier, le Bluse *115 ff.*
chèque, le Scheck *134 ff.*
chercher suchen, abholen
cheval, le Pferd

Französisch-Deutsch

cheveux, les Haare *121 ff.*
cheville, la Knöchel
chevreuil, le Reh
chien, le Hund
chiffre, le Ziffer
chirurgien, le Chirurg
chocolat, le Schokolade
choisir wählen
chorale, la Chor
chose, la Ding, Sache
chou-fleur, le Blumenkohl
chrétien, le Christ
Christ Christus
ciel, le Himmel
cigarette, la Zigarette
cimetière, le Friedhof
cinéma, le Kino *140 ff.*
cintre, le Kleiderbügel
circuit, le Rundfahrt
circulation, la Kreislauf
circulation urbaine, la Nahverkehr *56 ff.*
ciseaux, les Schere
citron, le Zitrone
clair hell
classe, la Klasse
clef, la Schlüssel, Hausschlüssel *60 ff./77 ff.*
clef de voiture, la Autoschlüssel
clignotant, le Blinker
climat, le Klima *193 ff.*
climatisation, la Klimaanlage *60 ff.*
clinique, la Klinik
club, le Club
cœur, le Herz
coffre, le Kofferraum
coiffeur, le Friseur *121 ff.*
coin, le Ecke
colis, le Paket
collision, la Auffahrunfall
colonne vertébrale, la Wirbelsäule
coloré bunt
combat, le Kampf
comédie musicale, la Musical *140 ff.*
commande, la Auftrag, Bestellung *86 ff.*
commander bestellen
commencer beginnen
commerce, le Handel
commission, la Provision
commissariat de police, le Polizeirevier
commotion cérébrale, la Gehirnerschütterung *171 ff.*
communauté, la Gemeinschaft
commune, la Gemeinde
communication locale, la Ortsgespräch *31 f.*
compagnie, la Begleitung
compagnie aérienne, la Fluggesellschaft *51 ff.*
compartiment non-fumeur, le Nichtraucherabteil

Französisch-Deutsch

complexe, le Anlage
compte en banque, le Bankkonto *134*
concerner angehen
concert, le Konzert
concierge, le Pförtner
concombre, le Gurke
condition, la Bedingung
condoléances, les Anteilnahme
conducteur, le Fahrer
conduire fahren
confirmation, la Bescheid
confiture, la Marmelade
connaissance, la Bekannte/r, Kenntnis, Wissen *19 ff.*
connaître kennen
conscience, la Gewissen
conseil, le Rat
conseiller beraten
conserver aufbewahren, beibehalten
consigne, la Gepäckaufbewahrung, Schließfach
constatation, la Feststellung
constater feststellen
construction, la Aufbau, Bau
construire bauen
consultation, la Sprechstunde *167 ff.*
contenu, le Inhalt
contester bestreiten
contraire, le Gegensatz, Gegenteil
contribuer beitragen
contribution, la Beitrag
contrôle des passeports, le Passkontrolle *51 ff.*
contrôle douanier, le Zollkontrolle
convaincre überzeugen
conversation, la Gespräch *24 ff.*
copie, la Kopie
coq, le Hahn
coqueluche, la Keuchhusten
corde, la Leine
cordonnier, le Schuhmacher
corps, le Körper
correspondre entsprechen
costume, le Anzug
côte, la Küste
coton, le Baumwolle
couché de soleil, le Sonnenuntergang
coude, le Ellbogen
coudre annähen
couleur, la Farbe *115 ff.*
couleur des cheveux, la Haarfarbe *121 ff.*
couloir, le Gang
coup de soleil, le Sonnenbrand
coupe de glace, la Eisbecher
couper schneiden, abschneiden
couple, le Paar *115 ff.*
couple marié, le Ehepaar

Wörterbuch für die Reise

Französisch-Deutsch

coupure, la Abschnitt
cour, la Hof
courage, le Mut
courir laufen
cours, le Kurs
cours des actions, le Aktienkurs
cousin, le Cousin
cousine, la Cousine
coussin, le Kopfkissen
couteau, le Messer *86 ff.*
couteau de poche, le Taschenmesser
couverts, les Besteck *86 ff.*
couverture, la Decke, Bettdecke *77 ff.*
cravate, la Krawatte
crayon, le Kugelschreiber
crayon à papier, le Bleistift
crème à raser, la Rasierkreme
crevette rose, la Garnele
crier schreien
crime, le Verbrechen
crisser quietschen
croire Glauben
croisement, le Kreuzung *34 ff.*
croisière, la Kreuzfahrt
cruche, la Kanne
cuiller, la Löffel *86 ff.*
cuir, le Leder
cuisine, la Küche
cuisinier, le Koch
cuisinière, la Herd
culpabilité, la Schuld *176 ff.*

cure, la Kur
curiosité, la Sehenswürdigkeit, Neugier *148 ff.*
cycliste, le Radfahrer
dame, la Dame
dance, la Tanz
danger, le Gefahr *86 ff.*
date, la Datum *189 ff.*
date de naissance, la Geburtstag *19 ff.*
dattes, les Datteln
début, le Anfang
début d'année, le Jahresbeginn
débutant, le Anfänger
débuter anlaufen
décapsuleur, le Flaschenöffner
décembre Dezember
décénnie, la Jahrzehnt *144 ff.*
déchets, les Abfall
déchirer reißen
décider beschließen, entscheiden
décision, la Entscheidung
découverte, la Entdeckung
dédouaner verzollen
défaite, la Niederlage
défectueux defekt
défi, le Herausforderung
déjeuner, le Mittagessen
demain morgen
demande, la Anforderung, Anfrage, Nachfrage

Wörterbuch für die Reise

Französisch-Deutsch

demander bitten, anfordern, fragen
démarrer starten
démarreur, le Anlasser
demi-pension, la Halbpension *60 ff.*
démontrer erweisen
dent, la Zahn
dentifrice, la Zahnpasta
déodorant, le Deodorant *110 ff.*
départ, le Abfahrt, Ausreise, Abflug *39 ff./51 ff./60 ff.*
département, le Bezirk
dépense, la Aufwand
déplorer beklagen
déposer ablegen, abstellen, legen, hinterlegen
déroulement, le Ablauf
se dérouler ablaufen
descendre aussteigen
descente, la Abstieg
description, la Beschreibung *34 ff.*
destinataire, le Empfänger
détente, la Entspannung
déterminer bestimmen
détresse, la Not
deviner raten
devinette, la Rätsel
devoir, le Pflicht, müssen
diabétique, le Diabetiker
diagnostique, la Diagnose
diapositive, la Dia

diarrhée, la Durchfall
dictionnaire, le Wörterbuch
diesel, le Diesel *39 ff.*
Dieu Gott
différence, la Differenz
dimanche Sonntag
dinde, la Pute
dîner, le Abendessen *84 ff.*
dire au revoir sich verabschieden
dire sagen
direct direkt
discothèque, la Diskothek
discours, le Rede
discuter diskutieren
dispute, la Auseinandersetzung
dissoudre auflösen
distance, la Abstand, Ferne, Entfernung *34 ff.*
divertissement, le Unterhaltung
docteur, le Doktor *167 ff.*
doigt, le Finger
doigts de pieds, les Zehe
donner geben, ergeben
donner rendez-vous verabreden
dormir schlafen
douane, la Zoll *39 ff.*
douche, la Dusche
douleur, la Schmerz
douzaine, la Dutzend
drame, le Drama

Französisch-Deutsch

drapeau, le Flagge
draps, les Bettwäsche *73 ff.*
droguerie, la Drogerie *110 ff.*
droit, le Recht
droit d'exportation, le Ausfuhrzoll
duel, le Duell
durée, la Dauer
durer dauern
eau, l' Wasser
eau potable, l' Trinkwasser
écart, l' Abweichung
éclair, l' Blitz
éclairer aufklären
école, l' Schule
école de voile, l' Segelschule
école primaire, l' Grundschule
économiser einsparen
écoulement, l' Abfluss
écran, l' Bildschirm
écrasement, l' Absturz
éducatrice, l' Kindergärtnerin
effets secondaire, les Nebenwirkungen *162 ff.*
effort, l' Mühe
église, l' Kirche *144 ff.*
élaborer erarbeiten
élargir ausbauen, erweitern
élargissement, l' Erweiterung
électricien, l' Elektriker
électronique, l' Elektronik
élimination, l' Beseitigung
emballer einpacken
embarcadère, l' Anlegeplatz

émerger auftauchen
émotion, l' Emotion
empire, l' Reich
ému ergriffen
enceinte schwanger
endive, l' Chicoree
s'endormir einschlafen
s'en douter ahnen
endroit, l' Ort
énergie, l' Energie
enfant, l' Kind
engendrer erzeugen
enlever entnehmen, abziehen
enregistrement, l' Aufnahme
ensoleillé sonnig
entendre hören
entrée, l' Eintritt, Eingang, Einreise *39 ff.*
entreprise, l' Firma
entrer eintreten
enveloppe, l' Briefumschlag
envie, l' Lust
envoyer schicken, abschicken
épaule, l' Schulter
épeler buchstabieren
épice, l' Gewürz
épicerie, l' Lebensmittelgeschäft, Obstgeschäft
épinards, les Spinat
éplucher schälen
épouse, l' Ehefrau
épouser heiraten
époux, l' Ehemann

Französisch-Deutsch

équipage, l' Besatzung
équipement de plongée, l' Taucherausrüstung
erreur, l' Irrtum
escalier, l' Treppe
espèce, l' Art
espérer hoffen
espérons que hoffentlich
esprit, l' Geist
essai, l' Probe
essayer anprobieren
essence, l' Benzin *39 ff.*
essor, l' Aufschwung
est, l' Osten
estomac, l' Magen
et und
établir erstellen, ansiedeln
étage, l' Etage
été, l' Sommer
éteindre ausschalten, abschalten
étoile, l' Stern
étranger, l' Ausland, Fremde
être allongé liegen
être debout stehen
être ravi de sich begeistern für
étui à lunettes, l' Brillenetui
euro, l' Euro
Europe, l' Europa
éveillé wach
exagérer übertreiben
examen, l' Untersuchung
excédent de bagages, l' Übergepäck

excitation, l' Aufregung
excursion, l' Ausflug
excuse, l' Entschuldigung
s'excuser entschuldigen
exécuter abwickeln
exemple, l' Beispiel
exercice, l' Übung
existence, l' Existenz
expéditeur, l' Absender *136 ff.*
expérience, l' Erfahrung, Experiment
expert, l' Experte
explosion, l' Explosion
exposer aussetzen
exposition, l' Ausstellung *144 ff.*
expulser abschieben
expulsion, l' Abschiebung
extincteur, l' Feuerlöscher
fabrication, la Herstellung
fabriquant, le Hersteller
façonner gestalten
facteur, le Briefträger
facture, la Rechnung, Quittung *100 ff.*
faim, la Hunger *84 ff.*
faire machen, tun
faire cuire braten
faire de l'alpinisme bergsteigen
faire de la voile segeln
faire des courses einkaufen
faire des recherches nachschlagen

Französisch-Deutsch

faire du cheval reiten
faire la cuisine kochen
faire mal weh tun
faire partie de dazugehören
faire ses bagages packen
faire un bandage verbinden
faire une demande beantragen
famille, la Familie
fascination, la Faszination
faute, la Fehler
faux frais, les Nebenkosten
félicitation, la Glückwunsch *19 ff.*
féliciter gratulieren
femme, la Frau
femme au foyer, la Hausfrau
fenêtre, la Fenster
fermé geschlossen
fermer schließen
fermer à clef abschließen
fermeture éclair, la Reißverschluss
ferry, le Fähre
festival, le Festival
fête, la Feier, Fest, Party *24 ff.*
fêter feiern
feu, le Ampel, Feuer *34 ff.*
feuille, la Blatt
feux de croisement, les Abblendlicht
février Februar
fiancé, le/e, la Verlobte/r
ficelle, la Bindfaden

fichier, le Datei
fièvre, la Fieber
figue, la Feige
fil, le Draht
filet, le Netz
fille, la Mädchen, Tochter
film, le Film *140 ff.*
fils, le Sohn
fin, la Ende
fin d'année, la Jahresende
finances, les Finanzen *134 ff.*
fleur, la Blume
fleuve, le Fluss
flots, les Flut
foi, la Glaube
foncer rasen
fonctionnaire, le Beamter
football, le Fußball *159 ff.*
force, la Kraft
formalité de départ, la Abmeldung
format, le Format
formation, la Ausbildung, Bildung
forme, la Form, Gestalt
fourchette, la Gabel *86 ff.*
foyer, le Heim
frais, les Kosten
frais d'utilisation, les Benutzungsgebühr
frais de location, les Leihgebühr
fraise, la Erdbeere
framboise, la Himbeere

Französisch-Deutsch

franc suisse, le Schweizer Franken
frapper klopfen, schlagen
frein, le Bremse *39 ff.*
frein à main, le Handbremse
freiner bremsen
frère, le Bruder
frites, les Pommes frites
fromage, le Käse
frontière, la Grenze
fruit, le Obst *131 ff.*
fumée, la Qualm, Rauch
fumer rauchen
fusibles, les Sicherung
gain, le Gewinn
gant, le Handschuh
garage, le Garage
garantie, la Garantie
garantir garantieren
garçon, le Junge
garder behalten, bewahren
garder libre freihalten
gare, la Bahnhof *47 ff.*
gare centrale, la Hauptbahnhof *47 ff.*
garer parken
garnir belegen
gâteau, le Kuchen
gâteau sec, le Keks
gaz, le Gas *68 ff.*
gelée, la Frost
gène, la Gen
genou, le Knie
gens, les Leute

geste, le Geste
gilet de sauvetage, le Schwimmweste
glace, la Eis *104 ff.*
glande, la Drüse
glisser rutschen
globe, le Globus
golf, le Golf *154 ff.*
goutter tropfen
graisse, la Fett
gramme, le Gramm
grand groß
grandir wachsen
grand-mère, la Großmutter
grand-père, le Großvater
grêle, la Hagel
groseille, la Johannisbeere
grotte, la Höhle *148 ff.*
groupe, le Gruppe
guichet, le Schalter
guichet d'information, le Informationsschalter
guide, le Fremdenführer, Reiseführer *148 ff.*
guider führen
gynécologue, le Frauenarzt
habitant, l' Anwohner, Bewohner
habiter wohnen
hall d'hôtel, le Hotelhalle
hamac, le Hängematte
handicapé, l' Behinderter
haricots, les Bohne
hasard, le Zufall

Wörterbuch für die Reise

Französisch-Deutsch

hausse, la Anstieg
hausse saisonnière des prix, la Saisonzuschlag
hauteur, la Höhe
hébergement, l' Unterkunft
hélicoptère, l' Hubschrauber
herbes, les Kräuter
héros, le Held
heure, l' Uhr *189 f.*
heures d'ouverture, les Öffnungszeiten
heures de visite, les Besuchszeit *171 ff.*
hier gestern
histoire, l' Geschichte
historien, l' Historiker
homard, le Hummer
homme, l' Mann
hôpital, l' Krankenhaus *171 ff.*
horaire, l' Fahrplan *47 ff.*
horaire des vols, l' Flugplan
horreur, l' Entsetzen
hôte, l' Gast, Gastgeber
hôtel, l' Hotel *60 ff.*
huile, l' Öl
huile d'olive, l' Olivenöl
huile solaire, l' Sonnenöl *154 ff.*
huîtres, les Austern
humain, l' Mensch
humour, l' Humor
idée, l' Ahnung, Idee
identifier identifizieren
identité, l' Personalien

île, l' Insel
illustré, l' Illustrierte *125 ff.*
image, l' Bild *144 ff.*
imperméable, l' Regenmantel
importation, l' Import
impressionné beeindruckt
incendie, l' Brand
inciter anregen
inconvénient, l' Nachteil
indicatif, l' Vorwahl *31 ff.*
indication, l' Angabe
indice, l' Hinweis
indiquer angeben
infirmière, l' Krankenschwester
inflammation, l' Entzündung
inflation, l' Inflation
information, l' Information *140 ff.*
informer benachrichtigen, informieren
injection, l' Injektion
insecte, l' Insekt
insecticide, l' Insektenmittel
institut, l' Institut
intelligence, l' Intelligenz
intention, l' Absicht
intéresser interessieren
intérêt, l' Interesse
interprète, l' Dolmetscher
interrupteur, l' Lichtschalter
intervention, l' Eingriff
interview, l' Interview
intestin, l' Darm
invention, l' Erfindung

Wörterbuch für die Reise

Französisch-Deutsch

invitation, l' Einladung
inviter einladen
iode, l' Jod
isolation, l' Isolierung
jambe, la Bein
janvier Januar
jaune gelb
jardin, le Garten
jerricane, le Benzinkanister
jeudi Donnerstag
jouet, le Spielzeug
jour, le Tag
jour férié, le Feiertag
journal, le Zeitung *125 ff.*
journaliste, le Journalist
juger beurteilen
juillet Juli
juin Juni
jupe, la Rock
juridique rechtlich
jus, le Saft *108 ff.*
jus de fruits, le Fruchtsaft *108*
justificatif, le Beleg
justifier rechtfertigen
kilo, le Kilo *129 ff.*
kilomètre, le Kilometer *34 ff.*
klaxon, le Hupe *39 ff.*
laine, la Wolle
laisser lassen
lait, le Milch
laitue, la Kopfsalat
lame de rasoir, la Rasierklinge
lampe de poche, la Taschenlampe

langue, la Sprache, Zunge *15 ff.*
langue maternelle, la Muttersprache
laque, la Haarfestiger
large weit
lavabo, le Waschbecken
laxatif, le Abführmittel
légitime défense, la Notwehr
légumes, les Gemüse *131 ff.*
lentilles, les Kontaktlinsen *123 ff.*
lettre, la Brief, Buchstabe *136 ff.*
lettre exprès, la Eilbrief *136 ff.*
levé de soleil, le Sonnenaufgang
lèvre, la Lippe
libérer befreien
liberté, la Freiheit
lieu de naissance, le Geburtsort
lilas lila
lime, la Feile
linge, le Wäsche
lit, le Bett
lit d'enfant, le Kinderbett
litre, le Liter *121 ff.*
livre, le Buch, Pfund
locomotive, la Lokomotive
loi, la Gesetz
loisir, le Hobby
louer mieten, vermieten
loyer, le Miete

Französisch-Deutsch

lueur, la Schein
luge, la Schlitten
lumière, la Licht
lune, la Mond
lunettes, les Brille *123*
lunettes de soleil, les Sonnenbrille
lycée, le Gymnasium
magasin, le Geschäft, Laden *110 ff.*
magazine, le Zeitschrift *125 ff.*
mai Mai
maigre dünn
maillot de bain, le Badeanzug, Badehose
main, la Hand
mairie, la Rathaus
mais aber
maïs, le Mais
maison, la Haus
maître nageur, le Bademeister
maîtriser beherrschen
mal aux dents, le Zahnschmerzen
mal de l'air, le Luftkrankheit
mal de mer, le Seekrankheit
maladie, la Krankheit *175*
manche, la Ärmel
mandarine, la Mandarine
manger essen
manifestation, la Demonstration
se manifester sich melden
manquer fehlen, vermissen

manteau, le Jacke, Mantel *115 ff.*
marchander feilschen
marché, le Markt *129 ff.*
margarine, la Margarine
mariage, le Ehe, Hochzeit
mars März
marteau, le Hammer
massage, le Massage
matelas gonflable, le Luftmatratze
matériel, le Material
mauvais schlecht
maux de tête, les Kopfschmerzen *162 ff.*
médecin, le Arzt *167 ff.*
médecin-chef, le Chefarzt
médicament, le Arzneimittel, Medikament *165 ff.*
méduse, la Qualle
mélanger mischen
melon, le Melone
membre, le Mitglied
menace, la Bedrohung, Drohung
menacer drohen
ménage, le Haushalt
mentionner erwähnen
mentir lügen
menton, le Kinn
menu, le Menü, Speisefolge *86 ff.*
se méprendre missverstehen
mer, la Meer, See

Wörterbuch für die Reise

Französisch-Deutsch

mercredi Mittwoch
mère, la Mutter
mesurer messen
métier, le Beruf *24 ff.*
mètre, le Meter
métro, le U-Bahn *56 f.*
meubles, les Möbel
miel, le Honig
mille, le Meile
milieu, le Mitte
millénaire, le Jahrtausend
minute, la Minute
miroir, le Spiegel
mois, le Monat *191 ff.*
moitié, la Hälfte
moment, le Augenblick, Moment
monnaie, la Kleingeld
monsieur, le Herr
montagne, la Berg, Gebirge *148 ff.*
montant, le Betrag *110 ff.*
monter einsteigen
montre, la Armbanduhr *127 ff.*
montrer zeigen *34 ff.*
monture, la Fassung
monument, le Denkmal *144 ff.*
mordre beißen
mot, le Wort *15 ff.*
moteur, le Motor
moto, la Motorrad
mouche, la Fliege

mouchoir, le Taschentuch
mouchoir en papier, le Papiertaschentuch
moustique, le Mücke
moutarde, la Senf
mouton, le Schaf
mouvement, le Bewegung
mur, le Wand
mûres, les Brombeeren
musée, le Museum *144 ff.*
musicien, le Musiker
musique, la Musik
myrtilles, les Blaubeeren
nager schwimmen
naissance, la Geburt
naître entstehen
nation, la Nation
nationalité, la Nationalität, Staatsangehörigkeit
nature, la Natur
nausée, la Übelkeit
neige, la Schnee
neiger schneien
nerf, le Nerv
nettoyage, le Reinigung *77 ff.*
nettoyer putzen, reinigen
neveu, le Neffe
nez, le Nase
nièce, la Nichte
Noël Weihnachten
nœud, le Knoten
noir schwarz
noisette, la Haselnuss
noix, la Nuss, Walnuss

Wörterbuch für die Reise

Französisch-Deutsch

noix de coco, la Kokosnuss
nom, le Name
nom de famille, le Familienname, Nachname *10 f.*
nombre, le Anzahl, Zahl
nommer nennen
non-fumeur, le Nichtraucher *84 ff.*
nord, le Norden
note, la Eintrag
noter aufschreiben, notieren
nouille, la Nudel
nourriture, la Nahrung
nouveau neu
nouvel an, le Jahreswechsel
nouvelle, la Nachricht
novembre November
nuit, la Nacht
nuitée, la Übernachtung *60 ff.*
numéro de la maison, le Hausnummer
numéro d'appel, le Nummer, Rufnummer *31 ff.*
observer beobachten
obtenir erhalten
occasion, l' Chance, Gelegenheit
occupé besetzt
s'occuper de befassen
octobre, l' Oktober
œil, l' Auge
œuf, l' Ei
offre, l' Angebot *129 ff.*
offrir anbieten, bieten

oie, l' Gans
oignon, l' Zwiebel
olive, l' Olive
oncle, l' Onkel
ongle, l' Nagel
opéra, l' Oper
opération, l' Operation *171 ff.*
opérer operieren
ophtalmologue, l' Augenarzt
opticien, l' Optiker *123 ff.*
orange, l' Apfelsine, Orange
orchestre, l' Orchester
ordinateur, l' Computer
ordonnance, l' Rezept *162 ff.*
ordre, l' Befehl, Reihenfolge
ordures, les Müll
oreille, l' Ohr
organe, l' Organ
organisation, l' Organisation
organiser organisieren
orientation, l' Orientierung
orienter orientieren
original, l' Original
os, l' Knochen
ou oder
oublier vergessen
ouvre-boîtes, l' Büchsenöffner
paiement, le Bezahlung *100 ff.*
pain, le Brot

Französisch-Deutsch

paix, la Frieden
pamplemousse, le Grapefruit
panique, la Panik
panne, la Panne *39 ff.*
panne de moteur, la Motorschaden *39 ff.*
pansements, les Verbandszeug *162 ff.*
pantalon, le Hose *115 ff.*
papier, le Papier
papier hygiénique, le Toilettenpapier
papiers, les Papiere
Pâques, la Ostern
paquebot, le Passagierschiff
paquet, le Packung
par avion Luftpost
paradis, le Paradies
paragraphe, le Absatz
parapluie, le Regenschirm, Schirm
parasol, le Sonnenschirm
parc, le Park
parc national, le Nationalpark
parce que weil
pardon, le Verzeihung
pardonner verzeihen
parents, les Eltern
pare-soleil, le Blende
parfumerie, la Parfümerie
parking, le Parkplatz
parking à étages, le Parkhaus
parler reden, sprechen
parquet, le Parkett
part, la Anteil
partenaire, le Partner
participer mitmachen
partie, la Partie, Teil
partir abfahren
pas, le Schritt
passage, le Durchfahrt, Durchgang *39 ff.*
passage pour piétons, le Fußgängerübergang, Zebrastreifen
passager, le Passagier
passants, les Passanten
passeport, le Ausweis, Pass, Reisepass *134*
passer passen
se passer geschehen
passer l'aspirateur saugen
pasteur, le Pastor
patience, la Geduld
patient, le Patient
pâtisserie, la Gebäck
patrie, la Heimat
pause, la Pause
pauvre arm
payer auszahlen, bezahlen, zahlen *100 ff.*
pays, le Land
paysage, le Landschaft
paysan, le Bauer
pêche, la Angelsport, Pfirsich
pêcher angeln

Französisch-Deutsch

pédalo, le Tretboot
pédiatre, le Kinderarzt
peignoir, le Bademantel
peintre, le Maler *144 ff.*
penchant, le Neigung
pensée, la Gedanke
penser meinen
pension, la Pension *60 ff.*
pension complète, la Vollpension *60 ff.*
pente, la Hang
Pentecôte, la Pfingsten
perdre verlieren
père, le Vater
permis de chasse, le Jagdschein
permis de conduire, le Führerschein
persil, le Petersilie
personne, la Person
personnel, le Personal
perte, la Verlust *176 ff.*
petit klein
petit déjeuner, le Frühstück *60 ff./91 ff.*
petite-fille, la Enkelin
petit-fils, le Enkel
petit-pain, le Brötchen
peur, la Angst
pharmacie, la Apotheke *162 ff.*
physique, la Physik
photo, la Foto
pianiste, le Pianist

pièce, la Münze
pièce de rechange, la Ersatzteil
pièce privée, la Privatzimmer *77 ff.*
pied, le Fuß
piège, le Falle
pierre, la Stein
piéton, le Fußgänger
pile, la Batterie
pilote, le Pilot
pilule, la Pille
pince, la Zange
pince à cheveux, la Haarklemme
pinceau, le Pinsel
pipe, la Pfeife
pique-nique, le Picknick
piscine couverte, la Hallenbad
piscine en plein air, la Freibad
placard, le Schrank
place, la Platz
plage, la Strand
plage de sable, la Sandstrand
plage privée, la Privatstrand *60 ff.*
se plaindre sich beschweren
plan, le Plan
plan de la ville, le Stadtplan *34 ff.*
planète, le Planet

Wörterbuch für die Reise

Französisch-Deutsch

plante, la Pflanze
plaque minéralogique, la Nummernschild
plastique, le Plastik
plate-forme, la Plattform
pleurer weinen
pleuvoir regnen
plombage, le Plombe
plonger tauchen
pluie, la Regen
pluvieux regnerisch
pneu, le Reifen *39 ff.*
poche, la Tasche
poème, le Gedicht
poésie, la Poesie
poète, le Dichter
poids, le Gewicht
poignée, la Griff
point, le Punkt
point de départ, le Ausgangspunkt
poire, la Birne
poison, le Gift
poisson, le Fisch *91 ff.*
poitrine, la Brust
poivre, le Pfeffer
poivron, le Paprika
poix, la Pech
police, la Polizei *176 ff.*
policier, le Polizist
pomme, la Apfel
pomme de terre, la Kartoffel
pompiers, les Feuerwehr
ponctualité, la Pünktlichkeit

pop, le Pop
port, le Hafen
portable, le Handy *31 f.*
porte, la Haustür, Tor, Tür
porte-bagages, le Gepäckträger
portée, la Reichweite
porte-monnaie, le Portmonee
porter tragen
se porter befinden
portier, le Portier
portion, la Portion
position, la Position
possibilité, la Möglichkeit
poste, la Post
pot d'échappement, le Auspuff
poteau indicateur, le Wegweiser *34 ff.*
poubelle, la Mülleimer, Mülltonne
pouce, le Daumen
poumon, le Lunge
pour cent Prozent
pourboire, le Trinkgeld
pouvoir können
préféré, le Favorit
premiers sons, les erste Hilfe
prendre des photos fotografieren *144 ff.*
prendre le petit déjeuner frühstücken
prénom, le Vorname
préparer anrichten

Wörterbuch für die Reise

présent, le Gegenwart
presse, la Presse
presser quetschen
prétendre behaupten
prêter ausleihen, leihen *154 ff.*
prêtre, le Pfarrer, Priester
preuve, la Beweis
prévision, la Prognose
principe, le Prinzip
printemps, le Frühling
priorité, la Vorfahrt
prise, la Steckdose
prix, le Preis
prix forfaitaire, le Pauschalpreis
problème, le Problem
procès, le Prozess
proche nah
produit, le Produkt
produit alimentaire, le Nahrungsmittel *84 ff./110 ff.*
produit de nettoyage, le Putzmittel
produit désinfectant, le Desinfektionsmittel
produit de vaisselle, le Spülmittel
professeur, le Professor
programme, le Programm *140 ff.*
projet, le Projekt
promenade en bateau, la Bootsfahrt *148 ff.*
se promener spazieren gehen

prononcer aussprechen
propriété, la Eigenschaft
prospectus, le Prospekt
protection, la Schutz
protection de la nature, la Naturschutz
protestation, la Protest
prothèse, la Prothese
prothèse dentaire, la Zahnprothese
protocole, le Protokoll
prouver beweisen
proximité, la Nähe
prune, la Pflaume
publique, le Publikum
puits, le Brunnen
pull-over, le Pullover
pur rein
quai, le Bahnsteig *47 ff.*
qualité, la Qualität
quarantaine, la Quarantäne
quartier, le Quartier
question, la Frage *15 ff.*
queue, la Heck
radio, la Funk, Funk
raison, la Grund
ramer rudern
rang, le Reihe
rangement, le Ordnung
ranger ordnen
rapide, le D-Zug *47 ff.*
rapiécer flicken
rapport, le Bericht
rapporter berichten

Französisch-Deutsch

rasoir, le Rasierapparat
rattraper nachholen
ravitaillement, le Verpflegung
réagir reagieren
réception, la Rezeption
recette, la Einnahme
recevoir bekommen
réclamation, la Beanstandung *100 ff.*
recommander empfehlen
récompense, la Belohnung
reconnaître erkennen
réduction, la Ermäßigung *140 ff.*
réduire reduzieren
réexpédier nachsenden
réfléchir nachdenken
réfrigérateur, le Kühlschrank
refuser ablehnen
regarder anschauen, ansehen, blicken
régime, le Diät
région, la Gegend, Region
règle, la Gebot, Regel
règles, les Menstruation
regretter bedauern
se réjouir freuen
religion, la Religion
remarque, la Bemerkung
remarquer merken
remercier danken
remettre übergeben, abgeben
remorquer abschleppen
remorqueuse, la Abschleppwagen *39 ff.*
remplir ausfüllen
remporter erzielen
se reposer ruhen
rencontrer begegnen
rendez-vous, le Termin
renseignement, le Auskunft *34 ff.*
réparation, la Reparatur
réparer reparieren
repas, le Essen *84 ff.*
repasser bügeln
répondre antworten, beantworten
réponse, la Antwort *15 ff.*
réponse négative, la Absage
reprendre übernehmen
représentation, la Abbildung, Aufführung, Darstellung *140 ff.*
représenter aufführen, betragen, darstellen
République Fédérale d'Allemagne, la Bundesrepublik Deutschland
requête, la Anliegen
réservation, la Buchung, Reservierung *60 ff.*
réserve naturelle, la Naturschutzgebiet
réserver reservieren, buchen
résonance, la Resonanz
respect, le Achtung, Respekt

Französisch-Deutsch

respecter beachten
respirer atmen
restaurant, le Restaurant
rester bleiben
résultat, le Ergebnis, Resultat
retenir abhalten, aufhalten
retirer abmelden, entfernen
retrait, le Abzug
réussir bestehen
réveil, le Wecker
réveiller wecken
se réveiller trop tard verschlafen
rêver träumen
rez-de-chaussée, le Erdgeschoss *73 ff.*
rhume, le Schnupfen
rire lachen
risque, le Risiko
rive, la Ufer
riz, le Reis
robe, la Kleid
rond-point, le Kreisverkehr
rose, la Rose
roue, la Rad
rouge rot
route, la Fahrtroute
rue principale, la Hauptstraße
rue, la Straße *34 ff.*
sable, le Sand *154 ff.*
sac à main, le Handtasche
sac en plastique, le Plastikbeutel

saisir ergreifen
saison, la Jahreszeit, Saison *191 ff.*
salade, la Salat
salé gesalzen
saleté, la Dreck
salle, la Raum, Saal
salle d'attente, la Wartesaal *167 ff.*
salle de bain, la Badezimmer *60 ff.*
saluer grüßen
salutations, les Gruß
samedi Sonnabend
sandales, les Badeschuhe
sang, le Blut
sans ohne
sans caféine koffeinfrei
santé, la Gesundheit *162 ff.*
saoûl betrunken
sauce, la Soße
sauna, le Sauna
sauver retten
sauvetage, le Rettung
savon, le Seife
savourer genießen
seau, le Eimer
sèche-cheveux, le Föhn, Haartrockner
sécher trocknen
secret, le Geheimnis
séjour, le Aufenthalt *60 ff.*
sel, le Salz
semaine, la Woche

Wörterbuch für die Reise

Französisch-Deutsch

sens unique, le Einbahnstraße *39 ff.*
sentir fühlen, riechen, spüren
se sentir bien sich wohl fühlen
septembre September
serpent, le Schlange
serveur, le/serveuse, la Kellner/in *84 ff.*
serveuse, la Bedienung *84 ff.*
service, le Abteilung, Behörde
service de nuit, le Nachtdienst *162 ff.*
service de remorquage, le Abschleppdienst *39 ff.*
service religieux, le Gottesdienst
serviette, la Handtuch *67*
serviette hygiénique, la Damenbinde
servir bedienen
sexe, le Geschlecht, Sex
shampoing, le Haarshampoo
short, le Shorts
siècle, le Jahrhundert *144 ff.*
signal d'alarme, le Notbremse
signe, le Anzeichen, Zeichen
silence, le Ruhe
silhouette, la Figur
situation familiale, la Familienstand
ski, le Ski
sœur, la Schwester
soif, la Durst *86 ff.*
soigner pflegen
soin, le Pflege
soir, le Abend
soleil, le Sonne
solitude, la Einsamkeit
sombre dunkel
sortie, la Abgang, Ausfahrt, Ausgang *39 ff.*
sortie de secours, la Notausgang
sortir ausgehen
souffle, le Atem, Hauch
souffrance, la Leid
souhait, le Wunsch
souhaiter wünschen
soulever anheben
souligner betonen
soupe, la Suppe *91 ff.*
source thermale, la Heilquelle
sourire, le Lächeln
soustraire entziehen
soutien-gorge, le Büstenhalter
souvenir, le Andenken *127 ff.*
se souvenir erinnern
sparadrap, le Pflaster *165 f.*
spécialiste, le Facharzt
spécialiste des maladies internes, le Internist
spécialistes, les Fachleute
spectateur, le Zuschauer

Französisch-Deutsch

sport, le Sport
stationnement interdit, le Parkverbot *39 ff.*
station-service, la Tankstelle *39 ff.*
studio, le Apartment *77 ff.*
succès, le Erfolg
sucre, le Zucker
sucrerie, la Süßigkeit
sud, le Süden
suffir genügen
Suisse, la Schweiz
suivre folgen, verfolgen
surface, la Oberfläche
surprise, la Überraschung
surveillance, la Aufsicht
surveiller bewachen
syndicat d'initiative, le Touristeninformation
tabac, le Tabak
table, la Tisch *84 ff.*
tache, la Fleck
tâche, la Aufgabe
taille, la Größe *120*
talon, le Ferse
tampon, le Tampon
tante, la Tante
tapis, le Teppich
tardif spät
tas, le Haufen
tasse, la Tasse
taxe, la Gebühr
taxe de stationnement, la Parkgebühr
technique génétique, la Gentechnik
téléphone, le Telefon *31 ff.*
téléphoner telefonieren *31 ff.*
télévision, la Fernseher
témoin, le Zeuge
température, la Temperatur
tempête, la Gewitter, Sturm *193 ff.*
temps, le Zeit
temps libre, le Freizeit *140 ff.*
tenancier, le Betreiber
tenir halten
se tenir benehmen
tennis, le Tennis
tension, la Blutdruck
tentative, la Versuch
se terminer enden
terminus, le Endstation *56 ff.*
terrain, le Gebiet
terrain de camping, le Campingplatz *68 ff.*
terrasse, la Terrasse *59 ff.*
terre, la Erde
territoire national, le Inland
tête, la Kopf
thé, le Tee
théâtre, le Theater *140 ff.*
thermomètre, le Thermometer
ticket de stationnement, le Parkschein
tiers-monde, le Dritte Welt

Französisch-Deutsch

timbre, le Briefmarke *136 ff.*
tire-bouchon, le Korkenzieher
tirer schießen, ziehen
toast, le Toast
toilettes, les Toilette
toilettes pour dames, les Damentoilette
toilettes pour hommes, les Herrentoilette
toit, le Dach
tomber fallen
tomber amoureux verlieben
tonnerre, le Donner
tôt früh
toucher berühren
touriste, le Tourist
tourmenter quälen
tourner abbiegen, drehen
tournevis, le Schraubenzieher
traduction, la Übersetzung
traduire übersetzen
trafic, le Verkehr *39 ff.*
train, le Bahn, Eisenbahn, Zug *47 ff.*
train auto-couchettes, le Autoreisezug
traitement, le Behandlung
traiter behandeln
trajet, le Fahrt *56 ff.*
tranche, la Scheibe
travailler arbeiten
travaux, les Bauarbeiten
tremblement de terre, le Erdbeben
trimestre, le Quartal
tromperie, la Betrug
trop poivré verpfeffert *83 ff.*
trop salé versalzen *83 ff.*
trottoir, le Bürgersteig
trouver finden
tuer töten
tunnel, le Tunnel
union, l' Einigkeit
unité, l' Einheit
université, l' Universität
usine, l' Fabrik
utilisation, l' Gebrauch
utiliser nutzen, benutzen
vacances, les Urlaub, Ferien
vacarme, le Krach
vaccination, la Impfung
vacciner impfen
vaincre siegen
valeur, la Rang
valise, la Koffer *47 ff./51 ff.*
valeur, la Wert
valoir gelten
vanille, la Vanille
vase, le Vase
vélo, le Fahrrad *154 ff.*
venir kommen
vent, le Wind
ventre, le Bauch

Wörterbuch für die Reise

Französisch-Deutsch

vérifier prüfen
vérité, la Wahrheit
verre, le Glas
verser einzahlen
verso, le Rückseite
vert grün
veste, la Jackett
vestiaire, le Garderobe
viande, la Fleisch
viande de bœuf, la Rindfleisch
viande de porc, la Schweinefleisch
viande de veau, la Kalbfleisch
victime, la Opfer
vider austrinken
vie, la Leben
vielle ville, la Altstadt
vieux alt
village, le Dorf
ville, la Stadt
ville natale, la Heimatstadt
ville portuaire, la Hafenstadt
vin, le Wein
vin mousseux, le Sekt
vinaigre, le Essig
violence, la Gewalt
virement, le Überweisung
visa, le Visum
visa d'entrée, le Einreisevisum

visage, le Gesicht
visite, la Besichtigung, Besuch *148 ff.*
visiter besichtigen, besuchen
visiteur, le Besucher *144 ff.*
vivre erleben, leben
voie, la Fahrbahn, Gleis
voir sehen
voisin, le Nachbar
voisinage, le Nachbarschaft
voiture, la Auto, Fahrzeug *39 ff.*
voiture de police, la Polizeiwagen
vol, le Flug *51 ff.*
vol charter, le Chartermaschine
volaille, la Geflügel
voler fliegen, stehlen
voter abstimmen, verabschieden
vouloir wollen
voyage, le Reise *39 ff./ 47 ff./51 ff.*
voyage d'affaire, le Geschäftsreise
voyager (an)reisen
vue, la Anblick, Ansicht, Blick, Aussicht
WC, les WC
week-end, le Wochenende
yacht, le Jacht
zoo, le Zoo

Wörterbuch für die Reise 255

Lautschrift

Lautschrift und Aussprache

Konsonanten

Ball	b	baigner
dort	d	dent
fliehen, vor	f	fruit, photo
geben	g	galant, langue
Journal	ʒ	girafe, jouer
jeder, Million	j	fille, réveil
Kamm, Chor	k	couper, qui
Lob	l	lettre
Maus	m	médicin
nehmen	n	nommer
	ɲ	désigner
angeln, links	ŋ	doping
Post	p	petit
	r	rue
besser, Ruß	s	savoir, cecité
schwierig	ʃ	choix, schéma
treten, Pfad	t	tête, thème
weben, Vase	v	vanité, wagon
	w	toit, louer
Hose	z	oser, zone

Vokale

blass	a	arbre
	ɑ	diable, plâtre
egal	e	été, aller
hätte, fett	ɛ	être, lait
Menge	ə	me, retard
Vitamin	i	image, dynamique
Moral	o	oser, baume
von	ɔ	propre, aurore
Öse	ø	deux, nœud
völlig	œ	neuf, œil
Zunge	u	bout
	ɥ	suer, lui
Stück	y	but, retenue

Nasale

Orange	ɑ̃	tante, mentir
	ɔ̃	bronzer
	œ̃	un
Cousin	ɛ̃	câlin, thym